*Das Elbe-Elster Kochbuch*
*– Küchenplausch zwischen Schlachtefest und Heidekraut –*
*Matthias Eichhorn*

ISBN 978-3-86037-343-9

1. Auflage



Agrimedia GmbH
Lüchower Str. 13a
29459 Clenze

Telefon (0 58 44) 97 11 63-0
Telefax (0 58 44) 97 11 63-9
mail@limosa.de
www.limosa.de

Satz und Layout: Zdenko Baticeli, Gesa Grützmann-Baticeli
Lektorat: Doreen Rinke
Fotos: Naturpark Niederlausitzer Heidelandschaft, Stadt Mühlberg/Elbe, Veit Rößler, Sven Gückel, Dietmar Seidel, Daniel Willeke, Andreas Richter
Gedruckt in Deutschland

Alle in diesem Buch enthaltenen Angaben, Ergebnisse usw. wurden vom Autor nach bestem Wissen erstellt und von ihm sowie dem Verlag mit größtmöglicher Sorgfalt überprüft. Dennoch sind Fehler nicht völlig auszuschließen. Daher erfolgen alle Angaben usw. ohne jegliche Garantie des Verlages oder des Autors. Beide übernehmen deshalb keinerlei Verantwortung und Haftung für etwa vorhandene inhaltliche Unrichtigkeiten.

Matthias Eichhorn

# DAS ELBE-ELSTER KOCHBUCH

## Küchenplausch zwischen Schlachtefest und Heidekraut

# Über den Autor

»Nicht daheim, aber ganz wie zu Hause« lautet das Motto, dem sich das Team des Gasthauses »Zum Eichhörnchen« in Reichenhain am Rande des Elbe-Elster-Kreises verpflichtet fühlt. Chef Matthias Eichhorn, der als leidenschaftlicher Koch am liebsten in seiner Küche steht, will mit gutbürgerlichen Gerichten seine Gäste verwöhnen. Wild gehört zu den Spezialitäten seiner mehr als 60 Gerichte umfassenden Speisekarte. Zwar überrascht er gern mit Außergewöhnlichem wie Känguru oder Strauß, doch in erster Linie setzt er auf frische Produkte aus der Region. Da liegt es für ihn auf der Hand, sich an Aktionen wie der »Regionalen Speisekarte« zu beteiligen und aktives Mitglied bei den »Brandenburger Landgasthöfen« zu sein.



2007 feierte das Reichenhainer Gasthaus sein 70. Jubiläum. Den Grundstein für das Familienunternehmen legten die Großeltern Minna und Willy, die 1937 aus ihrer sächsischen Heimat umsiedeln mussten und den Reichenhainer Gasthof übernahmen. Mit Ingeborg und Horst Eichhorn leitete ab 1966 die nächste Generation das Haus. 1978 stieg Matthias Eichhorn nach beendeter Koch-Ausbildung ein. 1989 wagte er mit seiner Ehefrau Ilona einen neuen Start. Gästezimmer entstanden, die Küche wurde generalüberholt, ein Wintergarten angebaut und der Saal erneuert. Jüngste Investition ist ein Schlachthaus – ganz der Tradition des Vaters folgend, der Metzger war.

*Notiert von Antje Posern*

*Außenansicht Gasthaus & Pension »Zum Eichhörnchen«*

# Ein Wort zuvor

Die gute alte Zeit, in der die Erträge der Jahreszeiten den Speiseplan bestimmten, liegt schon eine Weile zurück. Das Obst kam ausschließlich aus dem eigenen Garten und musste für den Winter eingekocht werden. Ein Schwein wurde noch aufwändig im eigenen Stall gefüttert, bis es im Winter beim traditionellen Schlachtfest sein Leben lassen musste. So wurden die Räucherkammern mit Speck, Schinken und Wurst gefüllt. Hühner waren auf jedem Hof zu sehen, und Enten oder Gänse schnatterten im Garten.

Die wenigen Jahre, die seitdem vergangen sind, brachten unserem Lebenswandel und unserer Esskultur tiefgreifende Änderungen. Vieles, was damals selbstverständlich war, ist heute vergessen. Wo früher noch mit frischen Produkten gekocht, gebraten und gebacken wurde, haben heute industriell erzeugte Lebensmittel den Vorrang.

Aber eins ist sicher, ein Dosengericht kann niemals den Geschmack einer traditionell gekochten, herrlich duftenden Mahlzeit erreichen. Kein Soßenpulver oder Bratenfondwürfel kann die Soße ersetzen, die beim Braten von Fleisch aus eigener Schlachtung entsteht. Es ist einfach etwas ganz Besonderes, wenn Sie selbstgemachte Produkte auf den Tisch bringen und sagen können »Das kommt aus meinem Garten«. Auch ein Spaziergang durch Felder und Wiesen kann genutzt werden, um ganz nebenbei ein paar Heil- und Wildkräuter oder Früchte zu sammeln.

Dieses Buch soll dabei helfen, nützliche Kochtraditionen zu bewahren und regionale Köstlichkeiten nicht in Vergessenheit geraten zu lassen. Mehr als 200 Rezepte wurden dank vieler Helfer für dieses Buch zusammengetragen. Wenn nicht anderes vermerkt, sind alle enthaltenen Rezepte für vier Personen ausgelegt. Zahlreiche Kurzgeschichten, Sagen und Erzählungen sowie wunderschöne Landschaftsaufnahmen runden diese kulinarische Reise ab.

Also keine Angst vorm Kochen und Probieren, es ist noch kein Meister vom Himmel gefallen. Denn, wie mein alter Lehrmeister schon zu sagen pflegte: »Alle Köche sind beschissen, die sich nicht zu helfen wissen«.

Matthias Eichhorn

Ihr Matthias Eichhorn

*Im Gasthaus »Zum Eichhörnchen« in Reichenhain*

# Was mir sehr am Herzen liegt...

...ist, all denen zu danken, die mich bei der schwierigen Aufgabe unterstützt haben, regionale Gerichte, Geschichten und Fotos zusammenzutragen.

Besonderer Dank gebührt Andrea Opitz vom Naturpark Niederlausitzer Heidelandschaft, der Stadt Mühlberg/Elbe sowie den Fotojournalisten Veit Rößler, Sven Gückel, Dietmar Seidel, Daniel Willeke und Andreas Richter, die den Großteil der wunderschönen Landschafts- und Naturfotos des Elbe-Elster-Kreises zur Verfügung gestellt haben.

Ohne die Unterstützung der Familie ist es unmöglich, solch ein Buch zu schreiben. Deshalb ein ganz herzliches Dankeschön an meine Frau Ilona, meine Tochter Sylvia, meinen Sohn Stefan und an meine Mutter Ingeborg, die mit ihren 82 Jahren noch sehr viel Wissenswertes zu diesem Buch beisteuerte. Dank natürlich auch meinem gesamten Küchenteam, dass in der Zeit des Schreibens meine Arbeiten am Herd miterledigte.



Ich danke meinen Stammkunden und Gästen, die mir in zahlreichen Zuschriften und bei Besuchen, ihre liebsten Rezepte sowie lustige und wissenswerte Geschichten übermittelten:

- Alfons Breier, Wriezen
- Andre Platz, Prösen
- Andrea Opitz, Elsterwerda
- Andreas Richter, Neuburxdorf
- Anja Nicklisch, Elsterwerda
- Anke Richter, Elsterwerda
- Antje Posern, Elsterwerda
- Barbara Hackenschmidt, Betten
- Bauernmuseum Lindena
- Bürger- und Heimatverein Doberlug, Herr Schulz
- Dagmar Nitzsche, Reichenhain
- Désirée Gareis, Kronach
- Dietmar Seidel, Schacksdorf
- Dirk Müller, Frankfurt/Oder
- Doris Kramer, Wiederau
- Dr. Eberhard Brückner, Schlieben
- Edith Dietrich, Reichenhain
- Elke Becker, Schlieben
- Erika Pannhans, Beiersdorf
- Erika Wiesner, Lausitz
- Familie Petzold, Schraden

*Das Apfelkind Cheyenne auf dem Niederlausitzer Apfeltag in Döllingen*

- Frank Claus (Lausitzer Rundschau)
- Gottfried Schönitz, Elsterwerda-Biehla
- Gudrun Langer, Gorden
- Hans-Dieter Lehmann, Schlieben
- Hans Jürgen Deutschmann, Döllingen
- Helmut Walther, Reichenhain
- Herbert Timm, Großthiemig
- lona Stäudner, Herzberg
- lse Dietrich, Möglenz
- ngrid Reimann, Röderland-Wainsdorf
- Isolde Kramer, Herzberg
- Karin Pietschmann, Finsterwalde
- Karin Schmidt, Reichenhain
- Katja Kunath, Gröden
- Katrin Erdmann, Herzberg
- Kerstin Johl, Schlieben
- Kerstin Kohlhoff, Möglenz
- Klaus Rokitte, Reichenhain
- Lars Thielemann, Rückersdorf
- Lothar Keller, Bönitz
- Maik Hänßgen, Wainsdorf
- Mario Radke, Finsterwalde
- Marlis Arendt, Lausitz
- Martina Hofmann, Elsterwerda
- Michaela Schurig, Schlieben
- Olga Lottermoser, Bad Liebenwerda
- Paul Heide, Lausitz
- Petra Wroblewski, Finsterwalde
- Pfarrer Zahn, Saxdorf
- Ralf Grützbach, Rastede
- Renate Poetzsch, Finsterwalde
- Renate Reyentanz, Kröbeln
- Roland Romanowski, Elsterwerda
- Rolf Günther Kirsch, Bad Liebenwerda
- Ruth Stefan, Rückersdorf
- Sven Gückel, Annaburg
- Toni Tanneberger, Naundorf
- Veit Rösler, Hohenleipisch
- Willi Tanneberger, Naundorf

*Eine alte Küchenhexe*

# Geschichten und Erzählungen

# Inhaltsverzeichnis





*Sommer im Elbe-Elster-Land*

# Entdecken Sie das Elbe-Elster-Land

*Tourismusverband Elbe-Elster, Anke Richter*

Das Elbe-Elster-Land liegt im Südwesten Brandenburgs. Namensgeber unserer Region sind die Flüsse Elbe und Elster, die das Leben hier in den vergangenen Jahrhunderten prägten. Flaches Land, Wiesen und Felder, Wald- und Auengebiete dominieren. Der Naturpark Niederlausitzer Heidelandschaft, südlichster Naturpark des Landes Brandenburg, ist Heimat seltener Pflanzen und Tiere. Durch den über einhundertjährigen Abbau von Braunkohle wurde die Landschaft im östlichen Teil des Elbe-Elster-Landes besonders geprägt. In rekultivierten Tagebaurestlöchern entstanden reizvolle Naherholungsgebiete mit Badeseen und Angelgewässern.

Von den ehemals in der Region ansässigen traditionellen Handwerken ist nur noch die Töpferei weit verbreitet. Überregional bekannt ist der Crinitzer Töpfermarkt, der jedes Jahr tausende Besucher anzieht. Zahlreiche Museen informieren über altes Handwerk und ländliches Leben. Auch Zeugnisse der Industriekultur können Sie in der Region aus der Nähe erleben. Aus der weltweit größten beweglichen Abraumförderbrücke F 60 in Lichterfeld ist seit Mai 2002 ein Besucherbergwerk geworden. Es macht die Geschichte und Gegenwart des Braunkohlebergbaus erlebbar. In Domsdorf befindet sich die älteste Brikettfabrik Europas und steht den Besuchern als Technisches Denkmal offen. Im Kraftwerk Plessa wurde die Kohle letztlich in Energie verwandelt. Heute ist es den Besuchern als Museum zugänglich.



Viele Mühlen sind im Elbe-Elster-Land noch erhalten und erzählen vom Leben und der Arbeit der Menschen in früherer Zeit. Hier können Sie den Weg vom Korn zum Mehl verfolgen. Einige Mühlen werden heute noch betrieben. Auf grünen Märkten bieten unsere Landwirte ihre Erzeugnisse an. In den Gaststätten der »Regionalen Speisekarte« werden Sie mit Gerichten der Region und saisonalen Köstlichkeiten verwöhnt. Die Zutaten werden ganz frisch, direkt vom Erzeuger bezogen.

*Abraumförderbrücke F 60 in Lichterfeld*

Auch Wellness und Gesundheit kommen in der Region nicht zu kurz. Die Kureinrichtung sowie das Gesundheitszentrum in Bad Liebenwerda bieten umfassende Angebote für Gäste und Einwohner. Erholung und Entspannung finden Sie in der Lausitztherme Wonnemar. Mit Aktion und Spaß, Sauna und Massagen bietet die Therme für jeden etwas.

Möchten Sie sich weitab der Großstadt vom Alltagsstress erholen und neue Energie tanken, so sind Sie im Elbe-Elster-Land richtig. Gut ausgebaute Radwege laden den Besucher ein, die Elbe-Elster-Region auf dem Fahrrad zu erkunden. Machen Sie Rast an einem der idyllisch gelegenen Seen oder radeln Sie durch die blühende Heidelandschaft. Erleben Sie im Frühjahr die Baumblüte und naschen Sie im Herbst von den reifen Früchten.

*Bockwindmühle in Trebbus; im Elbe-Elster-Land erzählen noch zahlreiche, erhaltene Mühlen von der Arbeit der Menschen in früherer Zeit*

*Kremserfahrt durch die Streuobstregion*

# Frühlings-Salat

| | |
|---|---|
| 3 Eier | hart kochen. |
| 200 g Kochschinken | |
| 1 Bund Radieschen | |
| ½ grüne Gurke | |
| 5 Stangen Spargel | Zutaten in kleine Würfel schneiden. |

**Das Dressing**

| | |
|---|---|
| 1 Bund Schnittlauch | |
| 3 Zweige Dill | klein hacken, mit |
| 200 g Schmand | |
| 100 g Mayonnaise | |
| Essig | |
| Salz, Pfeffer (aus der Mühle) | und |
| Zucker | verrühren, mit den Salatzutaten vermengen und durchziehen lassen. |

*Wer das Dressing leichter mag, ersetzt den Schmand durch Joghurt. Der Salat schmeckt sehr gut zu Pellkartoffeln.*

*Badespaß im Rückersdorfer See*

*Blüte der Calluna*

# Gurken-Salat mit Leinöl

| | |
|---|---|
| 2 Salatgurken | schälen, in dünne Scheiben hobeln. |
| Schmand | |
| Salz, Pfeffer (aus der Mühle) | |
| Leinöl | nach Geschmack dazugeben und verrühren. |

*Mit Rührei passt dieser Salat gut zu frischen Salzkartoffeln.*

# Löwenzahn-Salat

| | |
|---|---|
| 2 Hand voll junge Löwenzahnblätter | waschen, abtropfen lassen, klein schneiden. |
| 3 Äpfel | schälen, Kerngehäuse entfernen und klein schneiden. Mit |
| Zitronensaft, 1 Prise Salz | |
| 3 EL Rapsöl | |
| Zucker | vermengen und abschmecken. Löwenzahnblätter unterheben, mit |
| Gänseblümchen | garnieren, sofort servieren. |



*Von Renate Reyentanz, Kröbeln*

*Ein vitaminreicher Salat im Frühling.*

*Der Springbrunnen auf dem Marktplatz in Elsterwerda*

# Rüdis Sellerie-Salat

| | |
|---|---|
| 800 g Sellerieknolle | |
| 4 Äpfel | schälen, in streichholzgroße Stifte schneiden, in eine Schüssel geben und sofort mit |
| Zitronensaft | beträufeln (damit sie nicht braun werden). |
| 400 g Ananas | klein schneiden. |
| ⅜ l süße Sahne | steif schlagen, |
| 1 Prise Zucker | und |
| 3 EL Mayonnaise | dazugeben, verrühren mit |
| Salz, Pfeffer (aus der Mühle) | würzen. |
| 200 g Walnusskerne | hacken, alle Zutaten vermengen und mit |
| Zitronensaft | nochmals abschmecken. |

*Von Karin Schmidt, Reichenhain*



*Als garnierende Zutat eignen sich halbe Walnusskerne.*

*Kirschblüten im heimischen Garten*

*Frische Ernte – süß und lecker*

# Der beste Nudel-Salat

| | |
|---|---|
| 500 g Spaghetti | in reichlich |
| Salzwasser | al dente kochen. In der Zwischenzeit |
| 2 Mozzarella | |
| 3 Tomaten | in Würfel schneiden, reichlich |
| Basilikum, Petersilie | klein hacken. Zutaten in eine große Schüssel geben, mit |
| ⅛ l Olivenöl | übergießen, mit |
| Salz, Pfeffer (aus der Mühle) | kräftig würzen, verrühren, bis nichts mehr zusammenklebt. |
| | Spaghetti abgießen, heiß abspülen und mit den restlichen Zutaten vermengen, warm servieren. |

*Von Désirée Gareis, Kronach*

*Sie sollten mit Pfeffer und Salz nicht sparen, denn die Spaghetti »fressen« das Gewürz fast auf.*

# Apfel-Möhren-Salat

| | |
|---|---|
| Je 400 g Möhren, Äpfel | schälen, Äpfel entkernen, beides fein raspeln und mit |
| Zucker, Zitronensaft | abschmecken. |
| 30 g Rosinen | |
| 30 g Nüsse (gehackt) | unterrühren und durchziehen lassen. |

*Ein guter Vitaminspender in der kalten Jahreszeit.*

*Ein kühler Geselle in Reichenhain*

# Die kleinen Wunder der Natur

*Von Alfons Breier, Wriezen*

Warten wir nicht alle auf ein »kleines Wunder«, ganz im Geheimen? Doch gehen wir heute, in der hektischen Zeit, recht sorglos mit unseren Wundern um. Fast täglich begegnen wir den großen und kleinen Zaubereien der Natur in einer sagenhaften Fülle. Wir haben es oftmals nur verlernt sie zu sehen, zu schmecken, sie überhaupt wahrzunehmen. Ja, es gibt sie wirklich, auch bei Ihnen gleich vor der Tür oder um die Ecke. In jedem Frühjahr erscheinen sie neu, die zahlreichen Wildfrüchte, Wildgemüse, Blumen und Blüten, Wildkräuter und Heilkräuter. Und um so erfreulicher ist es, dass sie in den letzten Jahren an Aufmerksamkeit gewonnen haben. Denn sie sind wahre Wunder und Delikatessen.

Man braucht nur etwas Zeit und Muße, um diese kleinen Gaumenfreuden zu sammeln und zu genießen. Mit ein wenig Vorkenntnissen kann jeder in den Natur-Delikatess-Laden gehen, um sich zu bedienen. Sie werden staunen, was da auf Sie wartet. Es wird höchste Zeit, dass wir nicht nur unseren Körper, sondern auch die Seelen nähren. Und welch eine geschmackliche Wonne bietet der Wildkräuterspinat, den Sie beim Spaziergang selbst gepflückt haben, gegenüber dem Spinat aus dem Supermarkt! Sie wissen um die Herkunft der Pflanzen und ihren Standort und ganz zu schweigen von dem Genuss, durch die Mischung von verschiedenen Wildkräutern. Man kann ihn also lernen, »den Blick« für die fast unscheinbaren kleinen und großen Wunder der Natur am Wegesrand, um so den Speiseplan und das Leben zu bereichern.

*Wilde Orchideen*

*Besenheide im Naturpark*

# Wildkräuter-Salat

| | |
|---|---|
| 5 Blättchen Gundelrebe | |
| 8 junge Schafgarbenblätter | gründlich verlesen, waschen, klein schneiden. |
| Je 10 Taubnesselspitzen, Gänseblümchenblätter, Löwenzahnherzen, Hirtentäschel, Gierschblätter | |
| 3 Hand voll Vogelmiere | gründlich verlesen, waschen, klein zupfen, alle Zutaten vermengen und auf Tellern anrichten. |

**Das Dressing**

| | |
|---|---|
| 1 Orange | auspressen, den Saft mit |
| 3 EL Kräuteröl | |
| 1 EL Kräuteressig | |
| 1 TL Senf | |
| Salz, Pfeffer (aus der Mühle) | und |
| Zucker | kräftig schlagen, bis ein gebundenes Dressing entsteht, über den Salat gießen und mit Blütenblättern garnieren. |

*Von Alfons Breier, Wrietzen*

*Löwenzahnherzen sind die frischen Triebe über der Wurzel. Sammeln Sie stets junge Pflänzchen. Ohne Fett geröstete Sonnenblumenkerne oder geröstete Nüsse runden den Salat ab.*

*Lungenenzian im Naturpark*

# Körbaer Schnippelbohnen-Salat

| | |
|---|---|
| 800 g grüne Bohnen | Enden und Fäden entfernen, in 2 cm lange Stückchen schnippeln. |
| 750 ml Salzwasser | mit |
| Bohnenkraut | zum Kochen bringen, die Bohnen darin bissfest garen, abgießen und kalt abspülen. |
| 1 Zwiebel | schälen, fein hacken, mit |
| 4 EL Öl | |
| Salz, Pfeffer (aus der Mühle) | |
| Zucker, Kräuteressig | und ein wenig Bohnenkochwasser vermengen und kräftig abschmecken. |

*Geschnippelte Bohnen kann man roh sehr gut einfrieren und dann gegart zu Salat oder Pilzbohnen verarbeiten.*

*Die Wilden Weiber auf dem Niederlausitzer Apfeltag*

*Das Schloss in Ahlsdorf*

# Werenzhainer Spargel-Salat

| | |
|---|---|
| 1 kg frischen Spargel | schälen, waschen und in kochendem |
| Salzwasser | ca. 8 Minuten bissfest garen. Vom Herd nehmen, im Kochwasser abkühlen lassen, danach in mundgerechte Stücke schneiden. |
| 1 Bund Petersilie | hacken, |
| 200 g Kochschinken | in feine Streifen schneiden, mit Petersilie und |
| Salz, Pfeffer (aus der Mühle) | |
| Sonnenblumenöl | |
| Zucker (nach Geschmack) | |
| Balsamico-Essig (hell) | vermengen, den Spargel unterheben, nochmals abschmecken und durchziehen lassen. |

*Frisches Baguette ist ein guter Begleiter.*



# Reichenhainer Weißkraut-Salat

| | |
|---|---|
| 1 kg Weißkohl | putzen und in ganz feine Streifen schneiden (kann auch gehobelt werden). |
| 200 ml süße Sahne | |
| 4 EL Öl | dazugeben, mit den Händen kräftig durchkneten und mit |
| Salz, Pfeffer (aus der Mühle) | |
| Kümmel (gemahlen) | |
| Zucker, Spritessig (10 %) | nach Belieben abschmecken. |

*Zucker macht das Leben süß und unseren Weißkrautsalat schmackhafter, also nicht sparen. Sie können Zitronensaft anstatt Essig verwenden.*

*Zauberhafte Passionsblume*

# Hörnchens Blumenkohl-Salat

| | |
|---|---|
| 500 g Blumenkohl | putzen, waschen, in kleine Röschen teilen und in Salzwasser 3 bis 4 Minuten knackig kochen, abtropfen lassen. |
| Je 80 g Staudensellerie, Möhren | putzen und in hauchdünne Streifen schneiden. |
| 100 g Walnüsse | grob hacken, Zutaten miteinander vermengen. |

**Die Salatsoße**

| | |
|---|---|
| 100 g Mayonnaise | mit |
| 60 g süße Sahne | |
| 2 TL Zitronensaft | |
| 1 TL Meerrettichsenf | |
| 1 TL Kapern (gehackt) | |
| Salz, Pfeffer (aus der Mühle) | kräftig verrühren, den Saltat damit anmachen und abschmecken. |



*Freizeitspaß für Groß und Klein*

# Wiederauer Wellness-Salat

| | |
|---|---|
| 250 g Joghurt | mit |
| je 2 EL Schmand, Sonnenblumenöl | |
| 1 EL Honig (flüssig) | |
| 1 TL Ingwer (gemahlen) | in einer großen Salatschüssel gut verrühren. |
| 200 g Ananas | klein schneiden, untermischen. |
| 450 g frisches Sauerkraut | in kurze Stücke schneiden, dazugeben. |
| 50 g Porree | klein schneiden, zufügen, vermengen. |
| 1 EL Haselnusskrokant | |
| 1 EL Mandeln (gehackt) | |
| 1 EL Haselnüsse (gehackt) | dazugeben, untermischen und bei Bedarf mit |
| Salz, Pfeffer (aus der Mühle) | abschmecken. |

*Natürlich kann auch frischer Ingwer verwendet werden. Ingwer hat frisch gerieben ein besseres Aroma.*

*Von Doris Kramer, Wiederau*

*Historisches Kircheninventar*

*Picknick in der Heide*

# Rettich-Wurst-Salat

| | |
|---|---|
| 600 g weißer Rettich | schälen und in dünne Scheiben hobeln. |
| 2 Zwiebeln | schälen, in Scheiben schneiden. |
| 2 Bund Radieschen | waschen und in Scheiben schneiden. |
| 5 Bockwürste | enthäuten und ebenfalls in Scheiben schneiden. |
| 2 Bund Schnittlauch | |
| 1 Bund Petersilie | verlesen, klein schneiden, alle Zutaten in einer großen Schüssel vermengen. |

**Das Dressing**

| | |
|---|---|
| ½ Tasse Kräuteressig | mit |
| 1 Tasse Fleischbrühe | |
| Salz, Pfeffer (aus der Mühle) | |
| 1 Prise Zucker | verrühren, den Salat damit anmachen und 1 Stunde im Kühlschrank ziehen lassen. |

*Im Sommer mit frischem Baguette und einem frisch gezapften Bier im Garten genießen.*



*Von Roland Romanowski, Elsterwerda*

*In Grochwitz*

*Teichrosen in voller Blüte*

# Räuber-Salat

| | |
|---|---|
| 400 g Fleischwurst | und |
| 3 Gewürzgurken | in dünne Scheiben schneiden. |
| 2 Zwiebeln | schälen und in dünne Ringe schneiden. |

**Die Salatsoße**

| | |
|---|---|
| 3 EL Rapsöl | mit |
| 1 ½ EL Kräuteressig | |
| 1 Prise Zucker | |
| 1 EL Bautzener Senf | |
| 2 EL Gurkenwasser | verrühren und mit |
| Salz, Pfeffer (aus der Mühle) | kräftig würzen, unter die Salatzutaten mengen. Abschließend |
| 1 Bund Schnittlauch | klein schneiden, überstreuen. |

*Dazu passt frisch gebackenes Ciabatta-Brot.*

*Von Ilona Stäudner, Herzberg*

*In Grochwitz bei Herzberg*

*Zahlreiche Besucher zum Mühlentag*

# Getreideernte...
# und alle Familienmitglieder halfen mit

*Von Dagmar Nitzsche, Röderland / Reichenhain*

Wenn ich heute mit meinen Enkeln hinterm Haus über die Felder und Wiesen spaziere, dann erinnert mich eine gewaltige Eiche an meine Kindheit. Schon als Kind saß ich oft in ihrem kühlen Schatten und ruhte mich von der Feldarbeit aus. Gern erinnere ich mich an die Heuernte, das war meine »Lieblingsfeldarbeit«. Das ganze Gegenteil war die Getreideernte. Noch heute spüre ich die Schmerzen an den Füßen, wenn die Stoppeln in die Knöchel piekten. Doch zimperlich konnte man als Bauerstochter nicht sein. Sobald das Getreide reif war, ging mein Vater mit der Getreidesense los und alle Familienmitglieder mussten mit.

Die Männer mähten das Getreide, die Frauen und Kinder bündelten es zu Garben. Dazu musste ich mir aus einigen Halmen ein »Strohband« anfertigen. Dann raffte ich so viele Halme unter den Arm, wie ich halten konnte und legte sie auf das Strohband. Damit wurde das Bündel umwickelt, verknotet und die Garbe weggelegt. So ging es, bis das ganze Feld fertig war. Ich kann mich noch erinnern, dass die Arbeit nicht nur an Füßen schmerzlich war, auch die Hände waren zerstochen. Dazu brannte noch die Sonne erbarmungslos.

Mehrere Garben, ich glaub es waren neun, wurden dann zum Trocknen zu einer »Puppe« fest zusammengestellt. So konnten die Körner in den Ähren trocknen. In heißen Sommern dauerte das nur wenige Tage und das Stroh konnte dann in die Scheune eingefahren werden. Dort lag es bis zum Winter. Es wurde dann mit der

*Die traditionelle Erntekrone*

*Arbeit mit dem Dreschflegel*

Dreschmaschine ausgedroschen. Erst dann gab es die erwarteten Körner für das Vieh und das Stroh als Stalleinstreu. Waren die Sommer aber verregnet, dann standen die »Puppen« lange, wurden schwarz und Gras wuchs schon herum. Ich weiß noch, dass mein Vater dann sorgenvoll auf Hitze wartete, denn die anhaltende Feuchtigkeit brachte einen hohen Verlust an Körnern.

Für mich war es eine große Freude, als sich meine Eltern mit voranschreitender Mechanisierung einen Mähbinder kauften. Jetzt wurden nur noch die Pferde davor gespannt und das Mähen und Binden der Garben verlief für mich wie von »Geisterhand«. Es blieb nur noch das Aufstellen der »Puppen«. Ich selbst durfte manchmal die Zügel in die Hand nehmen und mich auf den breiten Sitz aus Eisen setzen. Dabei fühlte ich mich wie eine Königin. Sehr gern haben wir als Kinder auch einfach Körner geknabbert. Mit der Gründung der LPG (landwirtschaftliche Produktionsgenossenschaft) veränderte sich das Leben auf dem Bauernhof. Auch wenn ich heute diese Arbeit nicht mehr machen möchte, war es doch ein Stück Kindheit und es ist allemal wert, den Enkeln davon zu berichten.

*Getreideernte in Göllnitz*

*Heides Erntehelfer*

# Zeischaer Kürbisrohkost-Salat

| | |
|---|---|
| 650 g Kürbis | schälen und das weiche Fruchtfleisch entfernen. |
| Je 2 Möhren, Äpfel | schälen, Zutaten fein reiben, mit |
| ½ TL Meerrettich | vermengen und sofort mit |
| 3 EL Zitronensaft | beträufeln (damit sie nicht dunkel werden). |
| 50 g Walnüsse | fein hacken und mit |
| 1 Prise Salz | |
| Zucker, Zitronensaft | abschmecken. |
| 100 ml süße Sahne | schlagen, dazugeben, umrühren und servieren. |

*Als leichtere Variante verwenden Sie Joghurt statt Sahne.*
*Nach Geschmack können Rosinen darüber gestreut werden.*

Umzug in Trebbus

Beim Atelierhof in Werenzhain

# Hennersdorfer Porree-Salat

| | |
|---|---|
| 5 Stangen Porree | putzen, weiße Teile in dünne Ringe schneiden. |
| 5 Eier | hart kochen, pellen, in kleine Stücke schneiden. |
| 2 große Äpfel | schälen und in kleine Stücke schneiden. Zutaten mit |
| 1 Dose Ananasstücke | |
| 1 Dose Maiskörner | in eine Schüssel geben, mit |
| Salz, Pfeffer (aus der Mühle) | leicht würzen, vermischen und |
| 500 g Mayonnaise | unterrühren, ca. 2 Stunden kalt stellen. Vor dem Servieren nochmals umrühren. |

*Von Barbara Hackenschmidt, Finsterwalde*

*Dazu reicht man Baguette oder Toastbrot.*



# Tröbitzer Käse-Salat

| | |
|---|---|
| 2 Äpfel | |
| 125 g Kochschinken | |
| 125 g Schnittkäse | in feine Streifen schneiden. |
| 1 kleine Zwiebel | schälen, fein hacken, mit |
| 65 g Mayonnaise | und |
| 65 g Naturjoghurt | vermischen, mit |
| Salz, Pfeffer (aus der Mühle) | abschmecken. |

*Diesen Salat kann man auch gut überbacken.*

*Beim »Störcheln« erwischt*

# Grundrezepte für gebundene Suppen und Soßen

**Für helle Suppen und Soßen**

| | |
|---|---|
| 30 g Fett | zerlassen, |
| 40 g Mehl | zufügen, leicht anschwitzen und unter ständigem Rühren |
| 1 l Flüssigkeit | dazugeben, 10 Minuten leicht köcheln lassen bis der Mehlgeschmack verkocht ist. Für Soßen verwendet man die Hälfte der Flüssigkeit. |

**Für dunkle Suppen und Soßen**

| | |
|---|---|
| 50 g Mehl | in einem Tiegel ohne Fett bräunen, jetzt |
| 30 g Fett | zugeben und |
| 1 l Flüssigkeit | aufgießen, 10 Minuten leicht köcheln lassen bis der Mehlgeschmack verkocht ist. Für Soßen verwendet man die Hälfte der Flüssigkeit. |



*Von Ruth Stefan, Rückersdorf*

*Häufiger am Boden rühren, sonst brennen gebundene Suppen und Soßen schnell an. Das Mehl verliert beim Bräunen ohne Fett einen Teil seiner Bindekraft. Jedoch erhält man so eine schöne braune Farbe. Daher benötigt man etwas mehr Mehl für dunkle Suppen und Soßen.*

*In Sonnewalde*

# Gemüsebrühe – Grundrezept

| | |
|---|---|
| Je 150 g Möhren, Zwiebeln, Porree, Sellerie | waschen, putzen, grob schneiden und in |
| 2 l Salzwasser | kalt ansetzen, aufkochen, 30 Minuten leicht kochen lassen. |
| 1 Zweig Liebstöckel | sowie ein wenig |
| Thymian | und |
| Petersilie | zugeben, 15 Minuten ziehen lassen (nicht mehr kochen), passieren. Abschließend mit |
| Salz | nochmals abschmecken. |

*In Lebusa*

*Ein Musikant in Finsterwalde*

# Kräftige Hühnerbrühe – Grundrezept

| | |
|---|---|
| 1 Suppenhuhn | gründlich waschen, gut abtrocknen, in einem großen Topf mit |
| Wasser | kalt ansetzen und etwas |
| Salz | zugeben, aufkochen lassen und abschäumen. Jetzt das Huhn ca. 1½ Stunden nur noch leicht köcheln lassen (bei zu starkem Kochen wird die Brühe trübe). In der Zwischenzeit |
| 3 Stangen Porree | putzen, in kleine Stücke schneiden. |
| 100 g Sellerie | und |
| 1 mittlere Zwiebel | |
| 2 Möhren | schälen und würfeln. |
| 1 Knoblauchzehe | schälen und fein hacken. Nach der Garzeit das Gemüse zugeben und nochmals 50 Minuten leicht köcheln lassen. Anschließend das Huhn herausnehmen, das Fleisch von den Knochen lösen, die Knochen wieder in die Brühe geben und nochmals 30 Minuten auskochen lassen. Zum Schluss |
| ½ Bund Petersilie | |
| 1 Zweig Liebstöckel | waschen, zur Brühe geben, nach 10 Minuten durch ein Tuch gießen und mit |
| Salz | nochmals abschmecken. |

Brücke bei Sonnewalde

Gänseblümchen in Röderland

# Wildbrühe – Grundrezept

| | |
|---|---|
| 800 g Wildknochen | klein hacken und in einem großen Topf, mit |
| 50 g Margarine | braun anbraten, mit |
| Salz | würzen. |
| Je 60 g Sellerie, Möhre, Zwiebel, Petersilienwurzel | putzen, klein schneiden, dazugeben, gut durchbraten und mit |
| 100 ml Rotwein | ablöschen. |
| 2 l Wasser | auffüllen und als typisches Wildgewürz |
| 10 Wacholderbeeren | |
| 6 Pimentkörner | |
| 4 Lorbeerblätter | und |
| 1 Zweig Rosmarin | zufügen, 90 Minuten köcheln lassen. Die Brühe durch ein Sieb gießen, das Fleisch vom Knochen lösen und nach Bedarf weiterverarbeiten. |



# Eierstich – Grundrezept

| | |
|---|---|
| 6 große Eier | mit |
| ¼ l Milch | und |
| 1 Prise Salz | verquirlen, durch ein Sieb in einen Gefrierbeutel geben, fest verschließen und im Wasserbad bei höchstens 80 °C stocken lassen (Wenn die Temperatur höher ist, schlägt das Ei Blasen). Danach abkühlen lassen und mit dem Buntmesser in Würfel schneiden. |

*Bei Zugabe von gehackter Petersilie oder geriebener Muskatnuss setzt sich diese Zutat immer oben ab.*

*Alte Lore aus dem Bergwerk Louise*

# »Watzdorfer naturtrüb« und andere Pannen

*Nach Berichten von Matthias Eichhorn, aufgeschrieben von Antje Posern*

Wenn Matthias Eichhorn heute das riesige Angebot an Waren sieht, aus dem er für seinen Reichenhainer Gasthof »Zum Eichhörnchen« auswählen kann, scheinen jene Zeiten, in denen es alles auf Zuteilung gab, weit entfernt. Über so manche Erlebnisse, die ihm vor 20 Jahren noch Schweißperlen auf die Stirn getrieben haben, kann er heute gut lachen. So z. B. über das »Watzdorfer naturtrüb«. Das Bier aus dem Thüringischen hieß nicht wirklich so, sondern wurde von den Gästen auf diesen Namen getauft. Zu DDR-Zeiten sei seine Gastwirtschaft nicht mit Flaschen-, sondern mit Fassbier beliefert worden, erzählt er. Das Watzdorfer war damals, neben dem Dessauer, eine bekannte Marke. Nachteil war nur, dass gerade im Sommer jenes Bier, das am Freitag geliefert worden war, am Sonntag oft schon trüb und sauer war. Da konnte auch der Bierkeller, in dem die 100-Liter-Holzfässer lagerten, nicht helfen. Zwar kamen, in kaltes Wasser getauchte Säcke darauf, aber auch das half wenig. Die schweren Fässer aus dem Keller wieder nach oben zu hieven, war ein Kraftakt. Ein anderer, den trüben Gerstensaft bis zur nächsten Lieferung, am Dienstag, wieder loszuwerden. Ein Telefon im Gasthof gab es nicht. Also blieb Matthias Eichhorn nichts anderes übrig, als noch am Montagmorgen zur Post zu gehen, von dort aus beim »VEB Getränke« in Bad



*Zapfhahn für frischen Gerstensaft*

Liebenwerda anzurufen und eine Reklamationsnummer zu bestellen. »Ohne diese Nummer wurden wir die schalen Fässer nicht los«, berichtet der Gastwirt.

Als guter Gastwirt wollte er seinen Gästen aber auch ab und zu ein »gutes Bier«, wie z. B. ein Radeberger, kredenzen. Doch das gab es nur auf Zuteilung von der Abteilung »Handel und Versorgung«* beim Rat des Kreises, zu besonderen Anlässen, wie etwa zum Tag der Republik am 7. Oktober. »Wir sind dann ein paar Kilometer weiter nach Sachsen, in die Gröditzer HO-Kaufhalle gefahren, und holten uns im Dunkeln, direkt von der Rampe ein paar Kästen gutes Bier, um es zu Weihnachten unseren Gästen anzubieten«, erzählt er mit einem Augenzwinkern. »Manchmal muss ich auch schmunzeln, denn Watzdorfer naturtrüb mochte damals keiner trinken, aber Weizenbier geht heute weg wie warme Semmeln.«

Dass ohne Eigeninitiative nichts lief, davon zeugt auch eine Geschichte aus dem Jahr 1987: »Wir waren damals für die Versorgung beim Sportfest im benachbarten Saathain verantwortlich. Die gelieferten Bierfässer wurden – um sie kühl zu halten – Tag und Nacht per Rasensprenger beregnet. Doch die Biermenge reichte leider nicht aus. Woher Nachschub organisieren? Kurzerhand fuhr Manig Erhard bis hinter Senftenberg, um Fassbier zu besorgen«. Die durstigen Kehlen der Sportfreunde in Saathain waren zufrieden gestellt.

*Im Volksmund auch »Handel und Verschiebung« genannt

## Festliche Bier-Suppe (für 6 Personen)

| | |
|---|---|
| 60 g Butter | in einem Suppentopf erhitzen und darin |
| 60 g Mehl | hellbraun anschwitzen. Mit |
| 1½ l Bier (hell) | langsam ablöschen (damit es nicht so sehr schäumt), dabei immer rühren. Nun mit |
| je 1 Prise Zucker, Zimt | |
| Salz, Pfeffer (aus der Mühle) | abschmecken und ca. 10 Minuten köcheln lassen. |
| 6 EL süße Sahne | unterrühren und mit |
| 40 ml Eierlikör | verfeinern. |

*Von Karin Schmidt, Reichenhain*

*Mais trocknet unterm Dach*

# Oma Minnas Holunder-Suppe

| | |
|---|---|
| 1 l Holundersaft | |
| 400 ml Wasser | |
| 3 – 4 EL Zucker | |
| 2 EL Zitronensaft | aufkochen und mit |
| 1 Pck. Vanillepudding | und etwas |
| Stärke | binden. |
| 6 Scheiben Zwieback | in Stücke bröseln, in |
| 1 EL Butter | mit |
| 2 EL Zucker | karamellisieren lassen und sofort auf die in Teller gefüllte Suppe geben. |

*Holundersaft kann man ganz einfach selbst herstellen: Reife Holunderbeeren sammeln, waschen, mit der Gabel die Beeren abstreifen und mit ein wenig Wasser zum Kochen bringen. Danach passieren und den Saft mit Fruchtmark in Gläsern einkochen. So hält er sich mehrere Jahre und kann je nach Geschmack verdünnt werden. Im Sommer reichen Sie diese Suppe kalt. Besonders schmackhaft und erfrischend ist sie mit einer Kugel Vanilleeis.*

*Winterliche Bürgerheide in Finsterwalde*

*Herbstdekoration*

# Brot-Suppe

| | |
|---|---|
| 4 Stangen Porree | waschen, in 5 mm dicke Scheiben schneiden und in |
| 60 g Butter | anschwitzen. |
| 40 g Mehl | zugeben und nochmals durchschwitzen, mit |
| 1 l Wasser | heiß ablöschen. |
| Schwarzbrot (hart) | reiben, zufügen und mit |
| Salz, Kümmel (gemahlen) | würzen, 30 Minuten kochen lassen, pürieren, durch ein Sieb streichen und abschmecken. |
| Schwarzbrotrinde | würfeln, rösten, mit der Suppe anrichten. |

*Schmeckt auch sehr gut mit frischem Roggenbrot, was man nicht reiben muss, sondern nur in kleine Stücke schneidet.*



# Hohenleipischer Kirsch-Suppe

| | |
|---|---|
| 1 ½ kg Süßkirschen | waschen und entsteinen, in |
| 2 l Wasser | zum Kochen bringen. |
| 250 g Mehl | |
| 1 EL Butter | |
| 3 Eier | |
| 50 g Zucker | |
| 1 TL Backpulver | |
| 1 Pck. Vanillezucker | |
| evtl. etwas Milch | zu einem Teig verrühren, teelöffelweise in die kochende Kirschsuppe setzen und ziehen lassen, bis die Klößchen nach oben kommen. |

*Von Edith Dietrich, Reichenhain*

*Erdbeerernte im Jahr 1943*

# Doberluger Karpfen-Suppe

| | |
|---|---|
| 1½ kg Karpfen | vom Fischhändler filetieren lassen, Kopf und Gräten mitnehmen. Filets in mundgerechte Stücke schneiden, zur Seite stellen. Kopf und Gräten in |
| 2 l Salzwasser | aufkochen und abschäumen. |
| 3 Zwiebeln | |
| 300 g Suppengemüse | putzen, in grobe Stücke schneiden, dazugeben. |
| 2 Lorbeerblätter | |
| 4 Pimentkörner | zugeben und ca. 30 Minuten leicht köcheln lassen. In der Zwischenzeit |
| 500 g Kartoffeln | schälen, würfeln, blanchieren, zur Seite stellen. |
| Je 1 rote, grüne Paprika | putzen und in Streifen schneiden. |
| 4 Tomaten | überbrühen, abziehen und achteln. |
| 2 Knoblauchzehen | abziehen und zerdrücken. |
| 3 Zwiebeln | putzen und würfeln. Gemüsezutaten mit den Karpfenfiletstücken in |
| 3 EL heißer Butter | andünsten, mit der passierten Karpfenbrühe auffüllen, die Kartoffelwürfel zugeben und mit |
| Paprikapulver | gut abschmecken. Mit |
| Schmand | anrichten und mit |
| Sellerieblättchen | garnieren. |

*Diese Suppe können Sie auch mit anderen Fischsorten zubereiten und je nach Geschmack Shrimps zugeben.*

*Das so genannte »Pantoffelgewicht«*

# Zucchini-Creme-Suppe

| | |
|---|---|
| 3 Zwiebeln | schälen, würfeln. |
| 500 g Zucchini | waschen, klein schneiden (kleines Stück als Dekoration aufbewahren), mit den Zwiebeln in |
| 40 g Butter | andünsten. |
| ¾ l Gemüsebrühe | auffüllen, 10 Minuten kochen und pürieren. |
| 100 g Frischkäse (Doppelrahmstufe) | unterrühren mit |
| Salz, Pfeffer (aus der Mühle) | und |
| Zitronensaft | abschmecken und anrichten. |

*Von Roland Romanowski, Elsterwerda*

*Als Garnierung den Rest Zucchini über die Suppe raspeln und mit Knoblauchcroutons bestreuen.*



# Bärlauch-Suppe

| | |
|---|---|
| 250 g Bärlauch | waschen, in Streifen schneiden. |
| 1 Zwiebel | würfeln, beides in |
| 2 EL Butter | anschwitzen, mit |
| ¾ l Gemüsebrühe (Rezept S. 29) | auffüllen und bei mittlerer Hitze ca. 10 Minuten kochen. Anschließend pürieren und |
| 250 ml süße Sahne | unterrühren, mit |
| Salz, Pfeffer (aus der Mühle) | abschmecken. |

*Von Alfons Breier, Wriezen*

*Süße Sahne mit dem Pürierstab unterrühren, dann wird die Suppe schön schaumig.*

*Glockenturm zu Prieschka*

# Mit Kürbis zaubern

*Von Matthias Eichhorn*

In der frühen Volksheilkunde waren Kürbis und Kürbiskerne immer sehr beliebt. Die Kerne wurden zur Reinigung der Nieren eingesetzt und die in Öl eingelegten Blüten sollten allgemein kräftigend wirken. Gegen Ende des 19. Jahrhunderts verschwand der Kürbis jedoch nach und nach vom Speiseplan. Gründe dafür waren Konflikte zwischen der luxuriösen städtischen und der ländlichen Küche. Der Kürbis trat bei Küchenchefs und Hausfrauen zugunsten der Kartoffel immer mehr in den Hintergrund.

Heutzutage hält der Kürbis in allen Varianten erneut Einzug in die Küchen. Das Kürbiskernöl ist ein wahrer Kraftprotz und trotzdem umschmeichelt es mit seinem Geschmack jeden frischen Salat. Kürbis ist vielfältig einsetzbar, die vielen verschiedenen Sorten bringen unterschiedlichen Geschmack hervor und so ist es nicht verwunderlich, dass viele gute Küchenchefs eigene Kreationen von und mit Kürbis zaubern. Versuchen Sie es selbst einmal, ob als Suppe, Beilage, Hauptgericht, Nachtisch oder Marmeladen, der Kürbis ist ein treuer Geselle.

*Der Kürbis in allen Varianten*

# Eichhorns Kürbis-Kartoffel-Suppe

| | |
|---|---|
| 1 Knoblauchzehe<br>je 100 g Zwiebeln, Kartoffeln | schälen und würfeln, Zutaten in |
| 100 g Butter | anschwitzen, mit |
| 300 ml Brühe | ablöschen. |
| 600 g Kürbisfleisch | würfeln oder hobeln, dazugeben und ca. 20 Minuten kochen lassen, pürieren und |
| 150 ml Schmand | dazugeben, nochmals aufmixen. Mit |
| Gemüsebrühpulver | abschmecken und evt. mit |
| Milch | nochmals verdünnen. |

*Zum Anrichten empfehle ich Kürbiskernöl und geröstete Kürbiskerne.*



# Wild-Suppe Hubertus (für 6 Personen)

| | |
|---|---|
| 200 g Zwiebeln | schälen und in halbe Scheiben schneiden, in |
| 50 g Margarine | anschwitzen. |
| 500 g Champignons | putzen, schneiden, zufügen und |
| 3 EL Mehl (gebräunt) | einrühren, durchschwitzen. |
| 100 ml Rotwein | und |
| 1½ l Wildbrühe (Rezept S. 31) | unter ständigem Rühren auffüllen, ca. 10 Minuten leicht köcheln lassen. |
| Wildfleisch (nach Bedarf) | klein schneiden, zufügen und mit |
| Salz, Pfeffer (aus der Mühle) | abschmecken. |

*Schwerlasttransport*

# Bunter Gemüse-Eintopf

| | |
|---|---|
| 500 g Kartoffeln | schälen, würfeln und in |
| 2½ l Gemüsebrühe | ca. 15 Minuten kochen. Danach die Hälfte der Kartoffelwürfel herausnehmen, den Rest mit der Brühe pürieren. |
| 200 g Porree | putzen, in halbe Ringe schneiden und in |
| 4 EL Butter | anschwitzen. |
| 200 g Möhren | schälen und würfeln. |
| Je 200 g Blumenkohl, Brokkoli | putzen und in kleine Röschen teilen. Zutaten mit |
| 200 g Erbsen | und |
| 100 g Maiskörner | dazugeben, gelegentlich umrühren und bissfest schmoren. Nun alles in den Topf geben, Kartoffelwürfel dazu und mit |
| 3 Msp. Cayennepfeffer | |
| 3 Msp. Muskatnuss (gerieben) | |
| 3 TL Kümmel (gemahlen) | |
| Kräutersalz | würzen. Abschließend |
| 250 ml süße Sahne | dazugeben, erhitzen und abschmecken, |
| Petersilie (gehackt) | überstreuen. |

*Von Roland Romanowski, Elsterwerda*

*Dieser Gemüseeintopf kann natürlich auch mit Rinderbrühe und Rindfleisch zubereitet werden.*

*Im Kurpark Bad Liebenwerda*

# Wirsing-Suppe

| | |
|---|---|
| 1 große Zwiebel | schälen, hacken und in einem großen Topf mit |
| 3 EL Olivenöl | andünsten. |
| 1,2 kg Wirsing | putzen und klein schneiden. |
| 800 g Tomaten | überbrühen, abziehen und achteln. |
| 1 rote Paprika | |
| 8 Stängel Staudensellerie | putzen und klein schneiden. |
| 4 Knoblauchzehen | schälen, in Scheiben schneiden. Alle Zutaten hinzufügen und mit |
| 3/8 l Gemüsebrühe | auffüllen, mit |
| Salz, Pfeffer (aus der Mühle) | abschmecken, zugedeckt ca. 10 Minuten dünsten, bis alles weich ist. Vor dem Anrichten mit |
| Petersilie | bestreuen. |

*Von Roland Romanowski, Elsterwerda*



*Das Gericht ist schnell zubereitet und kalorienarm. Etwas gehaltvoller wird die Suppe mit Rindfleisch und Fleischbrühe.*

*Blütenpracht im Ahlsdorfer Park*

*Nicolai-Kirche in Bad Liebenwerda*

# Kohlrüben-Eintopf

| | |
|---|---|
| 2 Spitzbeine | |
| 1 gepökeltes Eisbein | in |
| 2 l Salzwasser | ansetzen. |
| 2 große Zwiebeln | grob schneiden. |
| 3 Lorbeerblätter, 6 Pimentkörner | dazugeben, garen, Fleisch herausnehmen und abkühlen lassen. |
| Je 800 g Kohlrüben, Kartoffeln | schälen, würfeln und in der Fleischbrühe 25 Minuten garen. Fleisch in Würfel schneiden, zugeben, mit etwas |
| Salz, Pfeffer (aus der Mühle) | und |
| Zucker | abschmecken, mit |
| Petersilie (gehackt) | bestreuen, zu Tisch bringen. |

*Dazu reicht man ein kräftiges Mischbrot.*

*Historischer Pflug*

# Röderländer Landfrauen-Suppe

| | |
|---|---|
| 50 g mageren Speck | |
| 1 große Zwiebel | in kleine Würfel schneiden. |
| 1 kg Gemüse (nach Wahl) | in mundgerechte Stücke schneiden. |
| 1 Knoblauchzehe | schälen und klein hacken, alle Zutaten in |
| 2 EL Butter | anschwitzen. |
| 1½ l Brühe | aufgießen. |
| 1 kg Kartoffeln | schälen, würfeln, zufügen und 25 Minuten leicht kochen lassen. |
| 2 EL Weißwein | 5 Minuten vor Ende der Garzeit zufügen, mit |
| Salz, Muskat, frischen Kräutern | abschmecken. |

*Verwenden Sie am besten Ihr Lieblingsgemüse aus dem eigenen Garten. Tiefkühl-Gemüse kann auch verarbeitet werden.*

*Zarte Sommerblüte*

*Rad- und Wanderwege im Elbe-Elster-Land*

# Eine Hochzeit in Gorden

*Von Gudrun Langer, Gorden*

Zur Vorbereitung der Hochzeit meiner Eltern, im Jahr 1952, musste vieles bedacht und organisiert werden. Es war eine Zeit, in der Lebensmittelmarken für Brot, Fett, Butter, Fleisch und Zucker zum Alltag gehörten. Fast jede Familie im Dorf betrieb Landwirtschaft im Nebenerwerb. Die Versorgung der Gäste wurde dadurch um vieles leichter. Um den Gästen den Bohnenkaffee nicht vorzuenthalten, holte man ihn extra aus Westberlin. Auch Schnaps war Mangelware, aber selbst hier wusste man sich zu helfen! Korn (Roggen) verwandelte sich – verbotenerweise – in Schnaps. Dazu schaffte man das Getreide nach Hohenleipisch, wo der Klare »schwarz« gebrannt wurde.

Das Hochzeitskleid für die Braut fertigte eine Umsiedlerin aus Staupitz an. Der Bräutigam fuhr nach Hohenleipisch zu Kuhrings Eduard, einem Schneider, um sich den Hochzeitsanzug nähen zu lassen. Der Gordener Schuhmacher Walther August, genannt der Schuster, sorgte für das Schuhwerk. Um weißen Flieder für den Brautstrauß zu organisieren, fuhr der Bräutigam nach Doberlug. Dort musste er sechs Wochen vorher eine Bestellung aufgeben, denn weißen Flieder im Februar zu bekommen, war schon etwas schwierig.



Kurz vor der Hochzeit erreichten die Vorbereitungen ihren Höhepunkt. Im Haus des Bräutigams schlachtete man ein Schwein. Die jungen Männer des Dorfes setzen Tannen (Fichten) neben die Hoftüren von Braut, Bräutigam und Pfarrhaus. Im Pfarrhaus fanden zur Winterzeit die Trauungen statt.

Die Mädchen holten Preiselbeerkraut aus dem Wald und flochten daraus in der Waschküche Kränze und Ranken. Eine große Menge Kraut war nötig, um die Haustür des Brauthauses zu schmücken. Auch die beiden Stühle für die Brautleute wurden mit Ranken umflochten und ins Pfarrhaus getragen. Das Fest begann am Freitagnachmittag mit der Trauung im Standesamt Gorden. Neben dem Brautpaar nahmen nur die Trauzeugen daran teil. Abends wurde dann kräftig gepoltert. Nachbarn, Arbeitskollegen und die Paten fanden sich zum Feiern im Haus des Bräutigams ein. Die Kinder des Dorfes freuten sich auf den »Polterkuchen«. Pastor Böttger schreibt in seiner 1868 angelegten Gordener Pfarrchronik: *»Am Polterabend vor der*

*Hochzeitsgesellschaft um 1956*

*Trauung werden Braut u. Bräutigam von der erwachsenen Jugend ›angesungen‹ mit Liedern aus dem Gesangsbuch, wofür Kuchen verteilt wird u. Geld.«*

Das eigentliche Fest, die kirchliche Trauung, fand am Samstag statt. Zunächst musste der Brautstrauß noch aus Doberlug geholt werden. Die Braut wurde inzwischen von Raacks Margot, der Friseurin »zurechtgemacht«. Die Hochzeitsgäste, Cousins und Cousinen, versammelten sich im Haus der Braut. Festliche, lange Kleider trugen die Frauen, die Männer mit Anzug, weißem Hemd und Fliege, standen ihnen nicht nach. Gegen Mittag formierte sich der Hochzeitszug, die Blumenmädchen gingen voran. Zwei Mädchen folgten, die jene Kissen trugen, auf denen das Brautpaar vor dem Pfarrer kniete. Dann kam das Brautpaar, wobei die Nichte der Braut den langen Schleier trug. Dahinter ging das Pärchen, welches als Nächstes heiraten wollte. Den Schluss hinter den anderen Pärchen bildeten die Brauteltern. Den Weg zum Pfarrhaus zeigten Tannenzweige an, die die Dorfmädchen zuvor gestreut hatten.

Ein recht anschauliches Bild von den Geschehnissen um eine kirchliche Trauung in der Mitte des 19. Jahrhunderts vermitteln die Darlegungen in der alten Pfarrchronik: *»Ein auswärtiger Bräutigam wird durch die beiden Brautjungfern zum Hochzeitstag abgeholt in deren Mitte er sich auf den Wagen setzt. (Der Wagen mit den Musikanten voraus, die Hochzeitsgäste in dem Wagen nachher; auch reitet wohl ein Vorreiter zur Begrüßung des Bräutigams entgegen. Bei der Ankunft stellt sich ihm eine Frauenperson als die Braut vor, von der er sich mit Geld lösen muss, wenn er sie nicht als seine Braut erkennt). Die Brautjungfern begleiten die Braut zum Altar u. verlassen sie mit einer Verbeugung. Ebenso holen sie dieselbe vom Altar nach der Trauung mit einer Verbeugung wieder ab.«*

*Braut mit altem Eisen*

An der Straße standen Jung und Alt, denn solch ein Ereignis ließ man sich im Dorf nicht entgehen. Nach Hause zu kommen war nicht einfach, denn Bänder versperrten den Weg. Sie waren quer über die Straße gespannt.

*Brautpaar in den 50er Jahren*

Der Bräutigam musste immer wieder in die Tasche greifen, um sich den Weg mit Geld freizukaufen. Auch wurde Geld in die Menge geworfen und jeder sah zu, dass er soviel wie möglich erwischte. Besonders die Kinder waren eifrig bei der Sache. Für den Bräutigam war es gut, recht viel Kleingeld in der Tasche zu haben.

Die Hochzeit wurde im Haus der Braut gefeiert. Um die Hochzeitsgäste aufzunehmen, wurde die Stube ausgeräumt und Stühle holte man von Nadebohrs (Gaststätte). Zum Mittagessen wurde eine Vorspeise, Fleisch und Kompott gereicht. Zum Bohnenkaffe aus Westberlin mundete der selbstgebackene Blechkuchen. Tags vorher wurden die großen Bleche mit Kuchen beim Bäcker abgebacken. Hausschlachtene Wurst ergänzte das Abendessen. Auch Schnaps und Bier fehlten nicht auf der Tafel. Zwei Küchenfeen, Tante Ella und Frau Homuth, sorgten dafür, dass die Gäste satt wurden und sich wohl fühlten.

Sehr ausführlich wird das Hochzeitsmahl in der Pfarrchronik beschrieben: *»Bei gewöhnlichen Tauf-, Hochzeits- oder Begräbnismahlzeiten gibt es zuerst als Imbiss, Butterbrod, Käse, Wurst u. dgl. mit Bier u. Branntwein, dann die Hauptmahlzeit*

Hochzeitspaar um 1956

Baumblüten

*Biersuppe, welche gleich aus den thönernen Schüsseln gegessen wird, dann Reiß u. Rindfleisch [...] dann braune Brühe (Backobst u. Rosinen) mit Schweinefleisch, [...] zuletzt Verteilung des Kuchens. Jedes Gericht wird eigentlich höchstens gekostet, dann auf den thönernen Tellern nach Hause oder zu Bekannten geschickt [...] Messer u. Gabeln, wer sie bedarf, auch wohl Löffel von weißem Blech bringt jeder sich mit. [...] Bei der Mahlzeit wird ein Teller mit einem kleinen Strohwisch herumgeschickt zur Sammlung für die Aufwäscherei.«*

Lustige Einlagen ließen bei der Feier keine Langeweile aufkommen. Um 24.00 Uhr wurde der Schleier der Braut abgesteckt. Diejenige bekam ihn aufs Haar, die als Nächste heiraten wollte. Hochzeitsgeschenke waren meist praktische Sachen für den Haushalt, z. B. Kuchenteller, Kuchenplatten, Kaffeeservice und jede Menge Gläser. Als Dank dafür bekamen alle am nächsten Tag Kuchenpakete, die im Dorf verteilt wurden.

*Quelle: Heimatkalender 1996, Arbeitsgemeinschaft für Heimatkunde e. V. (Hrsg.)*



# Hochzeits-Süppchen

| | |
|---|---|
| Hühnerbrühe | ansetzen (Rezept S. 30). In der Zwischenzeit den |
| Eierstich | zubereiten (Rezept S. 31). |
| 150 g Blumenkohl | in kleine Röschen zerteilen, |
| 300 g Spargel | |
| je 100 g Möhren, Kohlrabi | schälen und in Stücke schneiden. Gemüse in |
| Salzwasser | blanchieren, herausnehmen. |
| Hühnerbrust | in Würfel schneiden. |
| | Alle Zutaten in die heiße Hühnerbrühe geben, den Eierstich dazu und langsam erhitzen (nicht kochen, sonst trübt die Brühe). |
| 100 g Porree | in feine Streifen schneiden und mit |
| Petersilie (gehackt) | vor dem Servieren zur Suppe geben. |

*Serviert wird in einer großen Terrine, die auf die festliche Tafel gestellt wird.*

*Sonnige Blumengesichter*

# Kolochauer Bauernkessel

| | |
|---|---|
| 400 g Schweinebauch | in Würfel schneiden. |
| 3 EL Sonnenblumenöl | in einem großen Topf erhitzen und das Fleisch darin scharf anbraten. |
| 2 Zwiebeln | schälen und grob würfeln, |
| je 1 grüne, rote Paprika | putzen, ebenfalls grob würfeln, zu dem Fleisch geben und kurz anschwitzen, mit |
| Salz, Pfeffer (aus der Mühle) | und |
| Paprika (edelsüß) | kräftig würzen. |
| ½ l Fleischbrühe | auffüllen, bei kleiner Hitze, zugedeckt 40 Minuten köcheln lassen. |
| 200 g Zucchini | waschen, würfeln, dazugeben. |
| 1 Dose geschälte Tomaten | mit dem Saft zum Eintopf geben und nochmals 10 Minuten köcheln lassen. |



*Vor dem Servieren frisch gehackte Petersilie und frisch geschnittenen Schnittlauch darüber streuen und Brot dazu reichen.*

*Bahnhof in Neuburxdorf*

*Im Naturschutzgebiet Forsthaus Prösa*

# Soljanka (für mind. 6 Personen)

| | |
|---|---|
| 1 kg Jagdwurst | in mundgerechte Streifen schneiden. |
| 2 Knoblauchzehen | schälen, klein hacken. |
| 400 g Zwiebeln | schälen, in halbe Ringe schneiden, Zutaten in einem großen Topf in |
| 100 g Margarine | anrösten. Mit |
| 1 l Tomatensaft | und |
| 1½ l Fleischbrühe | ablöschen. |
| 2 rote Paprika | putzen, in feine Streifen schneiden, dazugeben. |
| 500 ml Ketschup | auffüllen. |
| 2 – 3 Chilischoten | Kerne entfernen, klein schneiden, dazugeben. |
| Ca. 350 g Gewürzgurken (1 Glas Spreewälder) | in Streifen schneiden, mit einem Teil des Gurkenwassers (nach Geschmack) zufügen, aufkochen lassen und mit |
| Salz, 1 Prise Zucker | abschmecken. Bei Bedarf kann die Suppe mit |
| Mehl, Stärke | leicht gebunden werden. |



*Anstelle von Jagdwurst können auch Fleischreste verarbeitet werden. Mit einem Löffelchen Schmand und einer Zitronenscheibe ist die Soljanka perfekt. Dazu reicht man Toastbrot.*

»Mittagsruhe« in Grochwitz

Kulturscheune und Museum in Neuburxdorf

# Bönitzer Kartoffel-Pfannkuchen

| | |
|---|---|
| ½ l Milch, 200 g Mehl | |
| 4 Eier, Salz | zu einem Teig verrühren, zur Seite stellen. |
| 1 Knoblauchzehe | |
| 1 Zwiebel | fein hacken, |
| 200 g Bauchspeck | in feine Stifte schneiden, Zutaten in |
| 30 g Margarine | anbraten. |
| 10 Kartoffeln (gekocht) | grob reiben, dazugeben, vermengen und in 4 Portionen teilen. |
| Bratfett | in einem Tiegel erhitzen, eine Portion Kartoffelmasse eingeben, mit |
| Salz, Pfeffer | würzen und mit einem Viertel des Eierkuchenteiges übergießen. Von beiden Seiten goldgelb braten, mit der restlichen Masse ebenso verfahren. |

*Von Ilse Dietrich, Möglenz*

*Stauwehr mit Fischtreppe in Bad Liebenwerda*

*In Grochwitz bei Herzberg*

# Kartoffel-Brokkoli-Plätzchen

| | |
|---|---|
| 800 g Kartoffeln | kochen, schälen, abkühlen lassen, mit der groben Reibe raffeln. |
| 300 g Brokkoli | in kleine Stücke schneiden, blanchieren, abtropfen und mit der Kartoffelmasse und |
| 2 Eier | sowie etwas |
| Mehl | vermengen, mit |
| Salz, Muskat, Gemüsebrühpulver | abschmecken. Teig breit streichen (1 ½ cm dick) und mit einem Förmchen ausstechen, in |
| Margarine | knusprig braten. |

*Passt zu jeder Art von kurzgebratenem Fleisch. Oder servieren Sie Kartoffel-Brokkoli-Plätzchen als vegetarisches Gericht mit Kräuterschmand.*



# Kartoffel-Klöße

| | |
|---|---|
| 800 g Kartoffeln | als Pellkartoffeln garen, heiß schälen, durchpressen, in einer Schüssel abkühlen lassen. |
| 100 g Kartoffelstärke | und |
| 100 g Mehl | dazugeben, mit |
| Salz, Muskat | würzen und mit |
| 1 Ei | gut vermengen, mit bemehlten Händen 2 geröstete Weißbrotcroutons in jeden Kloß einarbeiten und in kochendes |
| Salzwasser | geben, gar ziehen, nicht kochen lassen! |

*Bereitet man Klöße ohne genaue Mengenangabe gilt die Regel: »Ersetze ein Viertel der Kartoffelmasse mit halb Mehl und halb Kartoffelstärke«. Wer es herzhafter mag, arbeitet noch ganz fein geschnittene Zwiebelwürfel ein.*

*Park in Ahlsdorf*

# Eichhorns Bratkartoffeln

| | |
|---|---|
| 120 g Speck | würfeln, in einem großen Tiegel mit |
| 80 g Margarine | glasig schwitzen lassen. |
| 1 kg Pellkartoffeln (festkochend) | schälen, in dünne Scheiben schneiden, zugeben. |
| 1 Knoblauchzehe | |
| 1 Zwiebel | klein hacken, zufügen. Mit |
| Salz, Pfeffer, Kümmel, Majoran | würzen und knusprig braten. |

*Passt hervorragend zu hausgemachter Sülze. Gekochte Kartoffeln vom Vortag lassen sich besser verarbeiten.*



# Hirschfelder Ofenkartoffelwürfel

| | |
|---|---|
| 3 EL Rapsöl | auf einem tiefen Backblech verstreichen und im Backofen auf 220 °C erhitzen. |
| 600 g Frühkartoffeln | (mit Schale) waschen, würfeln und auf das heiße Blech geben. Mit |
| Salz, Pfeffer (aus der Mühle) | |
| Knoblauchpulver | und |
| 2 EL Rosmarin | würzen, ca. 30 bis 40 Minuten backen, gelegentlich umrühren. |

*Statt Frühkartoffeln können Sie auch andere Kartoffeln nehmen, die aber geschält werden sollten. Passt gut zu Fisch und kurzgebratenem Fleisch.*

*Das ist mein Napf!*

# Kartoffel-Salat nach Art des Schäfers

| | |
|---|---|
| 600 g Kartoffeln (festkochend) | waschen, kochen, abkühlen lassen, pellen und in Würfel schneiden. |
| 2 Tomaten | würfeln, |
| 300 g Salatgurke | schälen und würfeln, |
| 80 g Eisbergsalat | klein schneiden, |
| 200 g Schafskäse | würfeln, alle Zutaten in einer Schüssel vorsichtig vermengen. |

*Lecker zu gegrillten Würstchen oder gebratenem Schafskäse.*

**Die Marinade**

| | |
|---|---|
| 5 EL Rapsöl (evtl. Olivenöl) | |
| 2 EL Kräuteressig | |
| je 2 TL Honig, Senf | verrühren, |
| 100 g rote Zwiebel | in kleine Würfel schneiden, dazugeben. |
| Kräuter nach Wahl (frisch) | hacken, unterrühren und mit |
| Salz, Pfeffer (aus der Mühle) | abschmecken. Über den Kartoffelsalat gießen und vorsichtig durchmengen, Salat mind. 30 Minuten durchziehen lassen. |

*Von Kerstin Kohlhoff, Möglenz*

*Radigks Brauerei in Finsterwalde*

# Die Geschichte von der Kartoffel

Von Joachim Ringelnatz

*»Hört«, rief die Kartoffel »Ich weiß eine tolle*
*Geschichte von einer Zauberknolle.*
*Die einen Regenwurm in ein Blatt*
*und dann in ein Heupferd verwandelt hat.«*
*Und die Kartoffel wollte beginnen,*
*da war kein Wasser im Topf mehr drinnen.*
*So platzte ihr schönes Kartoffelkleid.*
*»Ach« jammerte sie »Es tut mir so leid.*
*Ich würde euch gern die Geschichte erzählen.*
*Doch ist es zu spät – ich muss mich jetzt schälen.«*
*So sprach die Kartoffel und drehte sich um*
*Und blieb von dieser Minute an stumm.*

*Haus des Gastes Bad Liebenwerda*

*Museumseisenbahn*

# Gefüllte Kartoffeln

| | |
|---|---|
| 4 große Kartoffeln (à 150 g) | kochen, längs halbieren, mit einen Teelöffel etwas Kartoffelmasse aushöhlen und mit der Gabel zerdrücken. |
| **Die Füllung** | Das Kartoffelinnere mit |
| 150 g Frischkäse | |
| 50 g Gouda (gerieben) | |
| 2 EL Sahne | |
| 1 EL Petersilie (gehackt) | |
| 1 EL Schnittlauch (in Röllchen) | |
| Salz, Pfeffer (aus der Mühle) | |
| Knoblauchpulver | verrühren und kräftig abschmecken, in die Kartoffeln füllen. |
| Butterflöckchen | darauf verteilen und im Backofen bei 180 °C ca. 5 bis 7 Minuten überbacken. |

*Dazu schmeckt ein Wildkräutersalat.*

*Von Alfons Breier, Wriezen*

# Rosmarin-Kartoffeln

| | |
|---|---|
| 1 kg kleine, neue Kartoffeln (festkochend) | als Pellkartoffel garen, abkühlen lassen, vierteln und mit Schale in der Pfanne mit |
| 100 g Butter | leicht anbraten. |
| Rosmarinblätter (frisch) | dazugeben, mit |
| Gemüsebrühpulver, Salz | würzen. |

*Marktplatzbummel in Finsterwalde*

# Kartoffel-Gulasch

| | |
|---|---|
| 600 g Kartoffeln | schälen und in Würfel schneiden. |
| 250 g Jagdwurst | würfeln, |
| 200 g Wiener | in Scheiben schneiden, |
| je 1 rote, grüne Paprika | putzen und in Streifen schneiden |
| 100 g Bauchspeck | würfeln, in |
| 100 g Margarine | anbraten und die geschnittenen Zutaten dazugeben, anschwitzen, mit |
| 1 Tasse Ketschup | ablöschen, gut durchrühren. Mit |
| 2 EL Paprikapulver | |
| Salz, Pfeffer (aus der Mühle) | würzen, |
| ½ l Fleischbrühe | auffüllen und 20 Minuten zugedeckt bei kleiner Hitze köcheln lassen, nochmals abschmecken. |

*Frisch geschnittene Schnittlauchröllchen runden das Gericht ab.*



*Töpfermarkt in Crinitz*

# Kürbis-Kartoffel-Rösti

| | |
|---|---|
| 500 g Kartoffeln | schälen, fein reiben und im Küchentuch auspressen. |
| 500 g Kürbis | putzen und grob reiben und mit |
| 120 g Mehl | |
| 60 g Stärke | |
| 2 Eier | vermengen. |
| Gartenkräuter (frisch) | hacken, dazugeben, mit |
| Salz, Pfeffer (aus der Mühle), Muskat | würzen. |
| Öl | in einem Tiegel erhitzen, mit einem Löffel Teignocken ins Fett geben, leicht breit drücken und von beiden Seiten knusprig braten. |

*Von Roland Romanowski, Elsterwerda*

*Dazu schmeckt eine hausgemachte Remoulade oder ein Frischkäse-Dip.*



# Kartoffel-Püree

| | |
|---|---|
| 1 kg Kartoffeln (mehlig kochend) | schälen, in |
| Salzwasser | kochen, abgießen, 2 Minuten abdampfen lassen und noch heiß in einen angewärmten Topf durchpressen, mit |
| Salz, Knoblauchpulver | |
| 3 EL Butter | und etwas heißer |
| Milch | mit dem Mixer zu einem cremigen Brei aufschlagen. |

*Die Kartoffeln sollten Sie nicht mit dem Pürierstab zerkleinern. Dieses Verfahren verklebt die Stärke und es entsteht ein wunderbarer »Klebstoff«. Die Milch sollte möglichst kochen, dadurch wird das Püree lockerer.*

*In deinem Heim soll Liebe sein,*
*dann zieh'n auch Glück und Frieden ein*

# Wiederauer Kartoffel-Kuchen

| | |
|---|---|
| 1 Zwiebel | schälen, fein hacken und in |
| 1 EL Sonnenblumenöl | glasig dünsten. |
| 500 g Kartoffeln (mehlig kochend) | schälen, grob reiben, mit den Zwiebeln mischen und mit |
| 50 g Reibekäse (herzhaft) | |
| Salz, Pfeffer (aus der Mühle) | |
| ½ TL Paprikapulver | |
| 2 Eier, 200 g Schmand | |
| 3 gestr. EL Stärke | vermengen. In eine gefettete Springform geben, im vorgewärmten Ofen bei 180 °C ca. 30 Minuten backen. In der Zwischenzeit |
| 5 Tomaten | blanchieren, abziehen und in grobe Würfel schneiden. |
| 150 g Champignons | putzen, in Scheiben schneiden. |
| 2 Knoblauchzehen | schälen und fein hacken. |
| ½ Bund Frühlingszwiebeln | waschen, in Ringe schneiden. Diese Zutaten in |
| 1 EL Sonnenblumenöl | andünsten und mit |
| Salz, Pfeffer (aus der Mühle) | würzen. Gemüse auf dem Kartoffelkuchen verteilen. |
| ½ Bund Rauke | verlesen, waschen und grob schneiden. |
| 125 g Mozzarella | in Scheiben schneiden, mit der Rauke darauf legen. Den Kuchen nochmals 10 Minuten backen, aus der Form lösen und 10 Minuten ruhen lassen. |

*Von Katrin Erdmann, Herzberg*

*Mit fein geschnittenem Basilikum bestreut, sollte der Kuchen noch warm serviert werden.*

*Museum in Finsterwalde*

# Das erste deutsche Kartoffelrezept

*Aus dem Berliner Hofküchenbuch von 1664:*

*Erstlich siedet man sie in Wasser mürbe, und wenn sie dann erkaltet, so zieht man ihnen die auswärtige Haut ab. Alsdenn gießt man Wein darüber und läßt sie in Butter, Salz, Muskatblume und dergleichen Gewürze von neuem kochen, so sind sie bereit. Danach kann man sie mit Hühnern, Rind- und Kälberbrühe kochen und abwürzen oder sie auch an Hammelfleisch tun. Oder man schneidet die abgekochten Tartüffeln in runde Scheiben und brate sie in der Pfanne. Oder viertens, man schneidet Zwiebeln und gibt Essig darauf und läßt es also durchbraten.*

*Almabtrieb in Lieskau*

*In Neudeck*

# Kartoffel-Zucchini-Auflauf (für 6 Personen)

| | |
|---|---|
| 1 kg Kartoffeln | schälen, in wenig |
| Salzwasser | ca. 15 Minuten vorgaren, abkühlen lassen und in Scheiben schneiden. |
| 4 Zucchini (ca. 500 g) | der Länge nach in mehrere Scheiben schneiden. |
| 500 g Tomaten | blanchieren, häuten, vierteln. Zutaten in eine gefettete Auflaufform schichten. |

**Die Soße**

*Anstelle der Zucchini können Sie auch Kürbis verarbeiten.*

| | |
|---|---|
| 3 Eier, 100 g Reibekäse | |
| 100 ml Milch, 150 g Schmand | |
| Salz, Pfeffer, Muskat | gut verquirlen, über den Auflauf gießen. Mit |
| 100 g Reibekäse | überstreuen und im vorgewärmten Ofen bei 180 °C ca. 30 bis 40 Minuten überbacken. |



*Von Katrin Erdmann, Herzberg*

*Lichterspektakel am Besucherbergwerk F60*

# Pflaumen-Knödel

| | |
|---|---|
| 350 g Kartoffeln (mehlig kochend) | als Pellkartoffel kochen, schälen, durchpressen und abkühlen lassen. |
| 30 g Butter | zerlassen, mit |
| 60 g Mehl | |
| 70 g Kartoffelstärke | |
| 1 Ei, 1 Prise Salz | unter die Kartoffeln kneten, Teig kurz ruhen lassen. |
| 12 Pflaumen | waschen, entsteinen und anstelle des Kerns jeweils 1 Stück |
| Würfelzucker | in jede Pflaume geben. |
| | Mit bemehlten Händen aus dem Teig 12 gleich große Stücken teilen, leicht breit drücken und die Pflaumen einarbeiten, zu runden Knödeln formen. |
| Salzwasser | zum Kochen bringen, die Knödel einlegen, nicht kochen lassen, sobald sie nach oben kommen noch 3 Minuten ziehen lassen, dann sind sie gar. |
| 200 g Semmelmehl | mit |
| 50 g Zucker, Zimt (nach Geschmack) | im Tiegel leicht bräunen, darin die Knödel wälzen, auf vorgewärmten Tellern anrichten. |
| Butter (nach Bedarf) | bräunen und zu den Knödeln reichen. |



*Ich empfehle, die Hälfte des Semmelmehls abzunehmen und mit zwei Esslöffeln Mohn zu mischen. Das schmeckt hervorragend und sieht toll aus.*

*Mit der Oberförsterei Elsterwerda im Loben auf Tour*

# Bönitzer Klaklinsky (großer Kartoffel-Auflauf)

| | |
|---|---|
| 2½ kg Kartoffeln (mehlig kochend) | schälen, grob reiben. |
| 3 große Zwiebeln | schälen, fein hacken, in einer großen Schüssel mit |
| 4 Eier | |
| 5 EL Mehl | |
| 3 EL Majoran (frisch) | |
| Salz, Pfeffer (aus der Mühle) | verrühren. |
| 500 g Bauchspeck | in dünne Scheiben schneiden. Eine große Auflaufform einfetten und mit der Hälfte des Bauchspecks auslegen, die Kartoffelmasse darauf verteilen, die restlichen Bauchspeckscheiben darauf legen. Für gut 1½ Stunden bei 200 °C im Ofen backen. |

*Von Lothar Keller, Bönitz*



*Als Belag für den Auflauf kann auch Salami verwendet werden. Reste können Sie kalt in Scheiben schneiden, wieder anbraten und mit Frischkäse bestreichen. Dazu reicht man frischen Blattsalat.*

*»Ach, wie bin ich schön«*

*Segelflugplatz in Finsterwalde*

# Kölsaer Kartoffel-Kraut-Auflauf

| | |
|---|---|
| 500 g Kartoffeln | schälen, in 2 cm dicke Scheiben schneiden. |
| 300 ml Milch | und |
| 200 ml Sahne | |
| Salz, 1 Lorbeerblatt | verrühren, einen Teil aufbewahren, den Rest unter die Kartoffelscheiben rühren, 10 Minuten leicht köcheln lassen, zur Seite stellen. |
| 1 Zwiebel | schälen, würfeln und in |
| 1 EL Öl | glasig dünsten. |
| 200 g Hackfleisch | zugeben und 4 bis 5 Minuten krümelig braten, mit |
| Salz, Pfeffer (aus der Mühle) | |
| ½ – 1 TL Paprika (edelsüß) | würzen. |
| 600 g Sauerkraut | und |
| 1 TL Kümmel (gemahlen) | dazugeben und nochmals 3 bis 5 Minuten bei kleiner Hitze braten, gelegentlich umrühren. Eine Auflaufform mit |
| Margarine | einfetten, abwechselnd Kartoffeln und Sauerkraut in vier Schichten einfüllen, mit der restlichen Sahnemilch übergießen, mit |
| 4 EL Gouda (gerieben) | bestreuen und im vorgeheizten Ofen bei 200 °C ca. 25 Minuten backen. |

*Von Katrin Erdmann, Herzberg*

*Vor dem Servieren noch ca. fünf Minuten im Ofen ruhen lassen.*



*Rosenfest im Elbe-Elster-Land*

# Von tollen Knollen einst und heute

*Nach einer Erzählung von Helmut Platzek, Werner Graf und Albert Ehring, aufgeschrieben von Antje Posern*

Schon seit jeher werden in der »Preußischen Sandbüchse«, wie unsere Gegend genannt wird, Kartoffeln angebaut. Diese wurden vorerst von den Bauern als Nahrungsmittel und als Futter für ihre Schweine mühsam und unter großen Anstrengungen angebaut. Später, nach der Gründung der LPG (landwirtschaftliche Produktionsgenossenschaft), wurde die Knolle dann industriell angepflanzt.

Im letzten Jahr der DDR nahm die LPG Hirschfeld eine führende Position im Bezirk Cottbus, mit 100.000 Dezitonnen Kartoffeln, ein. Nach der Wende ging die Anbaufläche von Kartoffeln stark zurück. Die Knolle wurde zu einem »arbeitsaufwändigen Produkt« im Bezug auf den Einsatz von Maschinen und Personal. Mittlerweile hat die Hirschfelder Agrar GmbH einen Ertag von 400 Dezitonnen vorzuweisen. Ein Teil dieser jährlichen Kartoffelernte wird im Hirschfelder Schälbetrieb Grünlichtenberg verarbeitet. Aber auch größere Reisen

*Dieses Eichhörnchen lebt im Wald bei Sallgast*

*Der Wasserturm in Finsterwalde bei Nacht*

nehmen die Hirschfelder Kartoffeln in Kauf, bis nach Rumänien und Bulgarien hat sich der Absatzmarkt erweitert.

Auf ganz spezielle Weise sorgt sich der Landschaftspflegeverein der Schradengemeinden um den Erhalt der Knolle. Um zu ergründen, welche alten Sorten einst in der Region angebaut wurden, haben die acht Vereinsmitglieder Archive durchsucht und alte Landwirte befragt.

Mit Unterstützung des Nebenerwerbslandwirts Wieland Bock, werden auf einem Hektar heute 16 alte Kartoffelsorten angebaut. Die älteste Sorte, Paterson's Viktoria, deren Herkunft auf das Jahr 1863 zurückgeht, ist fein im Geschmack und mehlig kochend. Aber auch andere Sorten mit wohlklingenden Namen, wie Blue-Congo, Odenwälder Blaue, Ackersegen, Bamberger Hörnchen oder Heideniere findet man auf diesem Feld. Die Erträge sind nicht sehr hoch, im Geschmack sind sie den neuen Sorten jedoch deutlich überlegen.

*Im Bauernmuseum Lindena*

*Blick auf Schloss Uebigau*

# Kartoffel-Klöße mit Quarkfüllung

**Die Quarkfüllung**

| | |
|---|---|
| 125 g Quark, 20 g Butter | |
| 1 Ei | |
| Salz, Pfeffer | |
| Schnittlauchröllchen | vermengen. |

**Die Klöße**

| | |
|---|---|
| 750 g Kartoffeln | roh reiben und mit einem Küchentuch auspressen. |
| 250 g Kartoffeln (gekocht) | ebenfalls reiben, Kartoffelmasse mit |
| 1 Ei, Salz | vermischen, auf die angefeuchtete Hand geben, breitdrücken. Von der Quarkfüllung jeweils etwas darauf geben und umklappen, längliche Klößchen ohne Risse formen und in |
| Salzwasser | 15 Minuten langsam ziehen lassen. Etwas abtropfen lassen und in |
| 60 g Butter | überbraten. |



*Von Erika Wiesner, Lausitz*

*In Lugau*

# Gurken-Kartoffeln

| | |
|---|---|
| 600 g Pellkartoffeln | warm schälen und in Scheiben schneiden. Reichlich |
| Speck | würfeln, auslassen, dazugeben und mit |
| Salz, Pfeffer (aus der Mühle) | würzen. |
| 400 g Gurken | schälen und in Scheiben schneiden, mit |
| Salz | würzen, unterheben und mit |
| 1 Prise Zucker, Essig | abschmecken. |

*Von Roland Romanowski, Elsterwerda*

*Wer den Speck nicht so gut verträgt, kann mit Rapsöl arbeiten. Reichen Sie dazu Spiegeleier.*



# Wainsdorfer Eier-Klöße

| | |
|---|---|
| Kloßteig (Rezept S. 51) | zubereiten. Den Teig mit bemehlten Händen zu kleinen Klößen formen (mundgerechte Happen von 2 cm Ø). In kochendes |
| Salzwasser | geben, aber nicht kochen lassen. In der Zwischenzeit |
| 250 g Schinkenspeck | würfeln, |
| 1 Zwiebel | schälen, würfeln und in |
| 50 g Margarine | glasig dünsten, Speckwürfel dazugeben. |
| 10 Eier | aufschlagen, salzen, mit |
| 100 ml Milch | verrühren, zur Speck-Zwiebelmasse geben und unter Rühren stocken lassen. Die fertigen Klöße in eine vorgewärmte Schüssel geben, die Rühreier dazugeben und gut umrühren. |

*Von Ingrid Reimann, Röderland/Wainsdorf*

*Flusslandschaft bei Sonnewalde*

# Kartoffel-Bällchen

| | |
|---|---|
| 750 g Kartoffeln (mehlig kochend) | schälen, in |
| Salzwasser | kochen, abgießen, abdampfen lassen und durch eine Kartoffelpresse drücken. Mit |
| 40 g Butter | |
| 3 Eigelb | |
| 30 g Parmesan (gerieben) | |
| Salz, 1 Prise Muskatnuss | zu einem glatten Teig verarbeiten, zu einer Rolle formen und Stücke schneiden, haselnussgroße Bällchen daraus formen. |
| 1 Ei | verschlagen, Bällchen darin wälzen, anschließend in |
| Semmelmehl | wenden. In heißem |
| Öl | goldgelb ausbacken. |

*Rossmarkt in Bad Liebenwerda*

*Freizeitspaß*

# Semmel-Knödel

| | |
|---|---|
| 4 altbackene Brötchen | in ganz dünne Scheiben schneiden und in eine Schüssel geben, mit |
| ¼ l heißer Milch | übergießen, einen Teller darauf pressen und 10 Minuten stehen lassen. |
| 50 g Bauchspeck | |
| 1 Zwiebel | würfeln, beides in |
| 50 g Butter | anschwitzen, abgekühlt zu den Brötchen geben. |
| 3 Eier | und |
| 2 EL Petersilie (gehackt) | vermengen, mit |
| Salz, Pfeffer (aus der Mühle) | |
| Muskat | abschmecken. Daraus kleine Knödel formen und in |
| Salzwasser | ca. 12 Minuten gar ziehen lassen. |

*Ist die Masse zu weich, so mengt man einfach ein bis zwei Esslöffel Grieß darunter.*

*Musikschule im Elbe-Elster-Land*

*Erholung an Badeseen und Angelgewässern*

# Sallgaster Spargel im Schlafrock

| | |
|---|---|
| 1,2 kg Spargel | schälen und bissfest garen. |
| ½ l Milch | |
| 250 g Mehl | |
| 8 Eier | |
| 1 TL Salz | zu einem glatten Teig verrühren und im Tiegel 12 Eierkuchen goldgelb abbraten. |
| 250 g Butter | im Tiegel zerlassen und darin |
| 100 g Semmelmehl | anrösten. Den Spargel auf |
| 12 Scheiben Kochschinken | verteilen, mit der Semmelmehlbutter beträufeln und einwickeln. Die Kochschinken-Spargelpäckchen in die Eierkuchen einschlagen. |

*Für die vegetarische Variation verwenden Sie blanchierte Mangoldblätter anstatt Kochschinken. Mit frischem Salat aus dem Garten servieren.*

*Frischer Spargel aus der Region*

*Spargel-Ernte-Helfer in Sallgast*

# Kürbis-Lauch-Gemüse

*Passt sehr gut zu Fischgerichten (Rezepte ab S. 126).*

| | |
|---|---|
| 200 g Schmand | mit |
| 100 g Butter | |
| 200 ml Wasser | |
| Muskatnuss | in einem großen, flachen Topf aufkochen, mit |
| Gemüsebrühpulver | herzhaft abschmecken. |
| 200 g Porree | in Streifen schneiden, zu der Sahnesoße geben, aufkochen lassen. |
| 1 kg Speisekürbis | schälen, in Streifen hobeln, dazugeben und ca. 2 Minuten bissfest kochen (Garzeit richtet sich nach der Kürbissorte). |

# Pilz-Bohnen

| | |
|---|---|
| 1 kg grüne Bohnen | waschen, putzen, schnippeln und in |
| Salzwasser | mit |
| Bohnenkraut | bissfest kochen, abgießen. |
| 2 Zwiebeln | schälen, hacken und in |
| 100 g Schmalz | anschwitzen, die geschnippelten Bohnen dazugeben und kräftig braun anbraten. Mit |
| Salz, Pfeffer (aus der Mühle) | und |
| Kümmel (gemahlen) | würzen. |
| 2 Bund Petersilie | waschen, hacken, kurz mitbraten. |
| 300 g Schmand | unterrühren, nochmals aufkochen und evtl. mit |
| Wasser | zu einer sämigen Soße verarbeiten. |

*Dazu passen Salzkartoffeln oder Bratkartoffeln.*

*Apfeltag in Döllingen*

# Ein Kleinod im Süden Brandenburgs – der Naturpark Niederlausitzer Heidelandschaft

*Naturparkverwaltung Niederlausitzer Heidelandschaft*

In weitem Bogen umfasst die »Schwarze Elster« den Naturpark Niederlausitzer Heidelandschaft im Süden und Westen. Die nördliche Grenze bilden Doberlug-Kirchhain und Finsterwalde, die als Gerber- und Sängerstadt auch über die Landesgrenzen hinaus bekannt sind. Im Osten reicht der Naturpark bis an die Stadt Lauchhammer, in der die Eisengießerei seit Jahrhunderten zu Hause ist.

Die älteste Landschaft Brandenburgs findet sich hier. Die vor ca. 180.000 Jahren zu Ende gegangene Saale-Eiszeit hatte einst Hügel und Becken hinterlassen. Im Laufe der Jahrtausende wurden diese von Wind und Wasser zu sanften Formen geebnet. Auch die im Zuge der Eiszeit entstandenen Seen sind inzwischen verlandet. Aber die landschaftliche Vielfalt ist geblieben und dafür hat auch der Mensch gesorgt.



Bis in die jüngste Vergangenheit wurde Braunkohle in der Region gefördert und der Naturpark erhielt in einigen Gebieten sein heutiges Gesicht erst durch den Abbau von Bodenschätzen. So entstanden z. B. die Fischteiche bei Doberlug durch den Abbau von Raseneisenstein und die Badeseen bei Grünewalde durch den Braunkohletagebau. Weitere ehemalige Abbaugruben konnten sich ohne größere äußere Einflüsse zu einem eigenständigen Lebensraum entwickeln und bieten heute verschiedenen gefährdeten Tier- und Pflanzenarten einen Lebensraum.

Das Kernstück des Naturparks bildet der ehemalige Truppenübungsplatz bei Hohenleipisch. Dieses etwa 3.700 Hektar große Naturschutzgebiet ist für den Namen des Naturparks verantwortlich. Hier wachsen neben Kiefern große zusammenhängende Traubeneichenwälder. Besenheide und Silbergrasfluren, entstanden durch die ehemals militärische Nutzung, bestimmen das Bild der beiden großen Offenflächen. Eine Kremserfahrt durch das Naturschutzgebiet »Forsthaus Prösa« ist vor allem in der Zeit der Heideblüte ein unvergessliches Erlebnis.

In unmittelbarer Nachbarschaft erstreckt sich ein Moorgebiet, wo in vergangenen Zeiten kleinflächig Ton für das heimische Töpfergewerbe abgebaut wurde. Seit den 50er Jahren hat der Abbau von Torf, für den Kurbetrieb der Rheumaklinik in Bad Liebenwerda, reizvolle Kleingewässer entstehen lassen.

*Ehemaliger Schießplatz im Naturschutzgebiet Forsthaus Prösa*

Einen ganz anderen Charakter spiegelt die Region um Döllingen und Hohenleipisch wider. Tausende Obstbäume sorgen dafür, dass die Landschaft von Ende April bis Anfang Mai einem Blütenmeer gleicht. Zentrum der einstigen und heutigen Streuobstregion ist der »Pomologische Schau- und Lehrgarten« in Döllingen. In diesem »lebendigen Obstbaumuseum« wachsen jetzt etwa 400 alte und neue Obstsorten. Besucher können die Entwicklung der Obstbäume von ihrer Wildform bis zu den aktuellsten Züchtungen verfolgen, Rat einholen und sich über Sorteneigenschaften informieren.

Ganz andere Eindrücke erlebt man dagegen bei einer Radtour entlang der Schwarzen Elster. Auch hier hat der Mensch vor etwa 150 Jahren Hand angelegt und dem Fluss ein neues Bett gegraben. An den kleineren und größeren Zuflüssen, weitab vom Massentourismus, hinterlässt der Biber – ein Baumeister der ganz besonderen Art – heute wieder seine Spuren. In den Dörfern gibt es viele bau- und kunsthandwerkliche Kleinode zu entdecken. Ob die Umgebindehäuser in Fischwasser, die Mühle in Oppelhain oder die vielen kleinen Kirchen, die zumeist noch aus der Zeit der Zisterziensermönche stammen.

Seit dem Jahr 1990 ist viel getan worden, um das Gebiet für Erholungssuchende besonders attraktiv zu gestalten. Zahlreiche Gaststätten bieten schmackhafte, regionale Speisen an. Warum also nicht mal in den Süden Brandenburgs reisen, um die Schönheiten und Besonderheiten dieser Region fernab vom Massentourismus zu genießen. In diesem Sinne heißt der Naturpark Niederlausitzer Heidelandschaft seine Besucher »Herzlich Willkommen«!

*In der Heidelandschaft des Naturparks*

# Vegetarische Patisson-Buletten

| | |
|---|---|
| 4 mittlere gelbe Patisson | halbieren, Kerne entfernen, ungeschält grob raspeln, in einem Tuch gründlich auspressen und in eine Schüssel geben. |
| Frische Gartenkräuter (Schnittlauch, Oregano, Majoran, Zitronenthymian, Estragon, Basilikum, Bohnenkraut) | und |
| 2 Knoblauchzehen | ganz klein schneiden. |
| 200 g Schafskäse | klein schneiden. Alle Zutaten mit |
| 4 Eier | |
| Mehl, Kartoffelstärke | |
| Semmelbrösel | zu einem relativ festen Teig verarbeiten. Masse mit 2 Löffeln zu Klößchen formen, in heißes |
| Olivenöl | geben, leicht breitdrücken, von beiden Seiten ohne große Hitze durchbraten. |



*Von Karin Pietschmann, Finsterwalde*

*Dazu passt ein leichter Kräuterquark und frischer Salat. Patisson ist wie die Zucchini, eine Varietät des Gartenkürbis aus der Familie der Kürbisgewächse.*

Neugierige Heidschnuckenherde

Mühle in Koßdorf

# Winterspargel-Gemüse

| | |
|---|---|
| 800 g Schwarzwurzel | waschen, abbürsten, schälen und in 2 bis 3 cm lange Stücke schneiden, in |
| Salzwasser | bissfest kochen, abgießen. |
| 100 g Butter | im Tiegel zerlaufen lassen und die Schwarzwurzel dazugeben, kurz braten lassen, bis das restliche Wasser verkocht ist. |
| 2 EL Semmelmehl | zugeben und braten, bis das Semmelmehl eine leichte goldgelbe Farbe hat. |

*Beim Schälen von Schwarzwurzel Handschuhe benutzen, sonst gibt es schwarze Hände.*



# Löwenzahnknospen-Gemüse

| | |
|---|---|
| 3 Hand voll Löwenzahnknospen | gründlich waschen und in etwas |
| Salzwasser | kochen, abgießen, mit |
| Muskat | |
| Salz, Pfeffer (aus der Mühle) | würzen. |
| 4 EL Semmelmehl | in |
| 50 g Butter | anrösten, übergießen. |

*Von Renate Reyentanz, Kröbeln*

*Löwenzahnknospen schmecken ähnlich wie Rosenkohl.*

*Lugauer Kirche aus der Luft*

# Gefüllter Blumenkohl

| | |
|---|---|
| 1 großen Blumenkohl | putzen und waschen. |
| 1 Zwiebel | schälen, klein hacken, mit |
| 500 g Hackepeter | |
| 2 Eier | |
| Salz, Pfeffer (aus der Mühle) | |
| 30 g Butter | |
| 2 EL Semmelmehl | zu einer Hackmasse verarbeiten und straff in den Blumenkohl eindrücken, alle Öffnungen gut verstopfen. In einem Topf |
| ½ l Wasser | zum Kochen bringen und den Blumenkohl ca. 25 Minuten zugedeckt darin dämpfen. |

*Dazu serviert man Salzkartoffeln und zerlassene Butter.*

*Von Désirée Gareis, Kronach*

*Der Marktplatz in Finsterwalde*

*Abendliche Lichtspiele bei Reichenhain*

# Zucchini-Gemüse

| | |
|---|---|
| 1 große Zwiebel | schälen, in halbe Ringe schneiden, in |
| 100 g Butter | anschwitzen. |
| Je 1 rote, gelbe Paprika | putzen, in Streifen schneiden, zugeben und mit |
| ½ l Tomatensaft | zum Kochen bringen. Mit |
| Salz, Chili, Koriander | würzen. |
| 1 kg Zucchini | in Scheiben schneiden, dazugeben und bissfest kochen. |

*Ein Genuss zu gegrilltem Fleisch oder auch zu Nudeln.*

# Steinpilze – natur

*Frisch gehackte Petersilie schadet nie.*

| | |
|---|---|
| 1 kg Steinpilze | waschen und schneiden. |
| 150 g Butter | zerlassen, |
| 1 Zwiebel | klein schneiden, in der Butter glasig dünsten, die Steinpilze dazugeben und gut durchschmoren. Nur mit |
| Salz, Pfeffer (aus der Mühle) | würzen, so bleibt der Eigengeschmack erhalten. |

*Der Rothsteiner Felsen*

*Der Oppelhainer Pechofen*

# Sauerkraut – traditionell

*Meine Mutter sagte früher schon:*
*Sauerkraut kocht so lange,*
*wie eine faule Magd über den Hof läuft.*

| | |
|---|---|
| 800 g frisches Sauerkraut | in einen Topf geben. Wenn es zu sauer ist, den Saft mit den Händen auspressen oder evtl. abspülen. |
| 200 ml klare Fleischbrühe | |
| 100 g Schweineschmalz | |
| je 4 Pimentkörner, Wacholderbeeren | |
| 3 Lorbeerblätter | |
| 1 Prise Zucker, etwas Kümmel | dazugeben und 5 Minuten zugedeckt leicht köcheln lassen. |
| 1 kleine Zwiebel | schälen, in Würfel hacken, zugeben und aufkochen lassen, fertig. |



# Schmor-Gurken

| | |
|---|---|
| 1 kg Salatgurken | schälen, längs halbieren, mit einem Löffel die Kerne entfernen, in fingerdicke Streifen schneiden und in |
| 60 g Butter | anschmoren. Mit |
| Salz, Pfeffer (aus der Mühle) | würzen, |
| 150 ml Gemüsebrühe | |
| 250 ml Schmand | zufügen und 10 bis 15 Minuten schmoren lassen, bei Bedarf mit |
| Stärke | binden. Zum Schluss noch reichlich |
| Dill (frisch) | klein hacken und zugeben. |

*Kann gut eingefrostet werden.*

*Salatgurken aus dem eigenen Garten*

# Rotkraut à la Hannelore

| | |
|---|---|
| 1 mittleren Kopf Rotkohl | putzen, vierteln, in feine Streifen schneiden. |
| 2 Zwiebeln | schälen, fein hacken. Zutaten mit |
| 2 Lorbeerblätter | |
| Salz, Pfeffer (aus der Mühle) | |
| Saft einer Zitrone | |
| Msp. Kümmel (gemahlen) | und |
| Zucker (nach Geschmack) | in einer Schüssel gut vermengen, über Nacht an einem kühlen Ort marinieren lassen. Am nächsten Tag |
| 60 g Schweineschmalz | und |
| 1 TL Majoran | in einem Topf erhitzen, das Kraut hineingeben. |
| ¼ l Wasser | auffüllen und bei geringer Hitze köcheln lassen, häufig umrühren und nochmals abschmecken. |

*Von Hans Jürgen Deutschmann, Döllingen*



*Das Rotkraut sollte beim Servieren noch etwas Biss haben.*
*Ein paar Tropfen Essig machen es noch herzhafter.*

*In Finsterwalde*

*Die Zwergenbande*

# Tante Marthas Spargel-Cocktail

| | |
|---|---|
| 500 g Spargel | schälen, in Stücke schneiden und bissfest garen, abgießen und abkühlen lassen. |
| 200 g Eisbergsalat | in feine Streifen schneiden, mit |
| Balsamico-Essig | marinieren, in Cocktailgläser füllen, Spargel auf den Eisbergsalat geben. |

**Die Cocktail-Soße**

| | |
|---|---|
| 2 EL Mayonnaise, | |
| 1 EL Ketschup | |
| 2 cl Weinbrand | |
| 1 Prise Zucker | |
| Salz, Pfeffer (aus der Mühle) | glatt rühren und auf den Cocktail geben. |

*Mit Petersilie und Cocktailtomaten garnieren, mit Toast servieren.*

*Von Ilse Dietrich, Möglenz*

*Spargelanbau im Sallgaster Umland*

*Schlauchbootrennen bei Bad Liebenwerda*

# Reichenhainer Speckböhnchen

| | |
|---|---|
| 1 kg zarte grüne Bohnen | waschen, putzen, in |
| Salzwasser | mit |
| 2 Zweige Bohnenkraut | bissfest kochen, abgießen und mit kaltem Wasser abschrecken (damit die Farbe erhalten bleibt). |
| 150 g Bauchspeck | erst in Scheiben, dann in Streifen schneiden. |
| 1 große Zwiebel | schälen, in halbe Ringe schneiden, mit dem Speck in |
| 150 g Butter | anschwitzen, danach die gekochten Bohnen zugeben, mit |
| Gemüsebrühpulver | würzen, kurz durchschwitzen und sofort servieren. |

*Um ein wenig Farbe ins Spiel zu bringen, gibt man in Streifen gehobelten Kürbis dazu und schwitzt ihn nur kurz mit an, damit er schön knackig bleibt.*



# Zucchini-Möhren-Puffer

| | |
|---|---|
| 250 g Zucchini | waschen, putzen. |
| 300 g Möhren | schälen, waschen, Zutaten grob raspeln und mit |
| 1 EL Zitronensaft | |
| 2 EL Petersilie (gehackt) | |
| 1 Ei | |
| 1 EL Haferflocken | |
| Salz, Pfeffer (aus der Mühle) | sorgfältig vermischen. |
| Rapsöl | in einer Pfanne erhitzen, Puffermasse mit einem Löffel hineingeben und leicht breitdrücken, von beiden Seiten goldgelb braten. |

*Von Katrin Erdmann, Herzberg*

*Martinskirche*

# Scharfe Rote Bete

| | |
|---|---|
| 800 g Rote Bete | waschen, schälen und in Scheiben schneiden. |
| 2 EL Butter | in einer großen Pfanne zerlassen, die Scheiben darin kurz anbraten. |
| 2 Zwiebeln | schälen, klein hacken, dazugeben und mit |
| 2 EL Pfefferkörner (grün) | bestreuen. |
| 2 Tassen Rotwein | angießen, 10 bis 15 Minuten zugedeckt bissfest kochen, mit |
| 100 g Meerrettich (frisch gerieben) | und einigen Spritzern |
| Worcestersoße | |
| Salz, Pfeffer (aus der Mühle) | sowie |
| 1 Prise Zucker | abschmecken. Mit |
| 100 g Emmentaler (gerieben) | im Grill knusprig überbacken. |

*Ein vitaminreiches Gemüse zu allen Fleischgerichten (Rezepte ab S. 84).*



*Von Roland Romanowski, Elsterwerda*

# Von Edelkonserven und anderen Sorgen

*Nach Berichten von Matthias Eichhorn, aufgeschrieben von Antje Posern*

Eine Gastwirtschaft in DDR-Zeiten zu führen, war oftmals einfach nur »zum Haare raufen«. Davon kann Matthias Eichhorn so manche Geschichte erzählen. Bei den Speisen waren die Versorgungsprobleme oftmals gravierend. Der heutige Gasthof »Zum Eichhörnchen« war damals keine Speisegaststätte. Ein Imbissangebot hielt Soljanka, Bauernfrühstück, Schnitzel oder auch Strammer Max bereit. Familien-, Betriebs-, Vereinsfeiern und Vergnügen, wie der Maitanz, Kirmesball und Silvesterfeier, wurden dennoch ausgerichtet. Natürlich wollte man den Gästen dann auch gern etwas Besonderes bieten. Matthias Eichhorn erinnert sich noch genau an die Jugendweihen: »Dafür mussten sich

*70. Jubiläum »Zum Eichhörnchen« – geschnitzt aus Kürbis von Torsten Hügel*

die Familien anmelden und anhand der Anzahl der Gäste wurde ein Kontingent an Edelkonserven zur Verfügung gestellt. Eine kleine Dose Champignons kostete 12,50 DDR-Mark, Ananas 8,90 und Mandarinen 4,00 DDR-Mark«. Anfang der 80er Jahre haben sich die so genannten Edelkonserven übrigens in saure Gurken, Sauerkirschen und Erdbeeren im Glas gewandelt.

Wenn es um Gemüse ging, nutzte man große Mengen aus dem eigenen Garten. Denn bei »Matsch und Gammel«, wie damals der Gemüsegroßhandel liebevoll genannt wurde, gab es fast nichts. Fleisch wurde von der Konsumfleischerei in Elsterwerda geliefert. »Wenn wir 20 Kilogramm bestellten, waren wir froh, wenn wir zehn Kilo erhielten. Außerdem gab es eine festgeschriebene Kalkulation, an der nicht zu rütteln war: Pro Portion wurden exakt 100 Gramm Fleisch berechnet. Bei großen Veranstaltungen musste der Bürgermeister, mit einem Anruf bei der richtigen Stelle, ein wenig nachhelfen«, berichtet der Gastwirt.

Bestes Beispiel dafür, wie aus den wenigen zur Verfügung stehenden Produkten viel gezaubert wurde, waren die Büfetts. Meist benötigte man ein tolles Schaustück, wie etwa Karpfen blau in Aspik oder gekochte Rinderpökelzunge. Die wurde in ganz dünne Scheiben geschnitten, auf einem Spiegel angerichtet, so dass es nach etwas mehr aussah. »Heute muss ich schon sehr überlegen, mit welcher Spezialität ich meine Gäste noch überraschen und zum Staunen bringen kann«, schmunzelt Matthias Eichhorn.



*Im Gasthaus »Zum Eichhörnchen«*

# Buletten-Variationen

## Der Hackteig

| | |
|---|---|
| 1 Zwiebel | schälen, in Würfel schneiden und in |
| 20 g Butter | glasig dünsten. |
| 1 altbackenes Brötchen | in Wasser einweichen und ausdrücken. Zutaten mit |
| 600 g Hackepeter (Rezept S. 160) | |
| 1 EL Petersilie (gehackt) | |
| 1 Ei, 1 EL Senf | vermengen, abschmecken. |

*Kartoffelsalat ist stets ein guter Begleiter.*

## Kräuter-Buletten

| | |
|---|---|
| Majoran, Rosmarin, Liebstöckel, Oregano | zum Hackteig geben, vermengen und mit angefeuchteten Händen kleine oder große Buletten formen, in |
| 3 EL Öl | und |
| 20 g Butter | von jeder Seite 4 bis 6 Minuten braten und servieren. |



## Schäfer-Buletten

| | |
|---|---|
| | Aus dem Hackteig mit angefeuchteten Händen kleine oder große Buletten formen. |
| 200 g Schafskäse | würfeln, in die Mitte der Buletten füllen, in |
| Grieß | wälzen und bei kleiner Hitze in |
| Öl | langsam braten. |

Quietschvergnügte Enten-Parade

Festliche Tafel

# Kochklopse mit Gurkensoße

| | |
|---|---|
| 1 altbackenes Brötchen | in Wasser einweichen und ausdrücken. |
| ½ Zwiebel | in feine Würfel schneiden, in |
| 20 g Margarine | anschwitzen. Zutaten mit |
| 400 g Hackepeter (Rezept S. 160) | vermengen, mit |
| Majoran | |
| Salz, Pfeffer (aus der Mühle) | abschmecken, Klöße formen, in kochender |
| Fleischbrühe | gar ziehen (nicht kochen), herausnehmen. Aus |
| 40 g Margarine | und |
| 40 g Mehl | eine Mehlschwitze herstellen und mit der Fleischbrühe auffüllen, 5 Minuten leicht köcheln lassen. |
| 3 saure Gurken | in die Soße reiben und die Klößchen wieder hineingeben, durchziehen lassen. |

*Von Rolf Günther Kirsch, Bad Liebenwerda*



*Gibt man anstatt Gurken Kapern zu, hat man Königsberger Klopse. Dazu passen Salzkartoffeln und Rohkostsalat.*

*In Kirchhain*

# Sonnewalder Kraut-Gulasch

| | |
|---|---|
| 800 g Hackepeter (Rezept S. 160) | in |
| 60 g Margarine | anbraten, mit reichlich |
| Kümmel | würzen. |
| 2 große Zwiebeln | schälen, würfeln, dazugeben. |
| 2 Knoblauchzehen | putzen und fein hacken, dazugeben. |
| 1 kg Weißkohl | putzen, grob schneiden, mit |
| 2 EL Tomatenmark | dazugeben und kräftig anschmoren. Mit |
| Salz, Pfeffer (aus der Mühle) | würzen und mit |
| Fleischbrühe (nach Bedarf) | auffüllen, ca. 30 Minuten leicht köcheln lassen. Mit |
| Mehl (dunkel) | binden, nochmals abschmecken. |

*Anstelle des Weißkohls können Sie auch Wirsingkohl oder Spitzkohl verwenden. Servieren Sie dazu Salzkartoffeln.*

*Das Weißgerbermuseum in Doberlug-Kirchhain*

*Blick auf Friedersdorf*

# Pfunds-Topf für Pfundskerle
## (für ca. 6 Personen)

*Vor dem Servieren ausgebratenes Fett entfernen. Mit Mischbrot und einem kräftigen Bier servieren.*

| | |
|---|---|
| 1 Pfund Schweinefleisch | und |
| 1 Pfund Rindfleisch | in Würfel schneiden. |
| 1 Pfund Champignons | |
| 1 Pfund bunten Paprika | |
| 1 Pfund Zwiebeln | putzen und klein schneiden. |
| 1 Pfund Tomaten | waschen, blanchieren, häuten, achteln. |
| 8 Knoblauchzehen | putzen, in Scheiben schneiden. Alle Zutaten mit |
| 1 Pfund Hackepeter (Rezept S. 160) | vermengen, mit |
| ½ TL Kümmel (gemahlen) | und |
| Salz, Pfeffer (aus der Mühle) | kräftig würzen. |
| 2 Chilischoten | Kerngehäuse entfernen, klein schneiden. Mit |
| 250 g Schmand | |
| 250 g Tomatenketschup | verrühren und mit der Fleischmasse vermischen. In einen großen Bräter geben und zugedeckt 2 Stunden bei 200 °C backen . Deckel entfernen und nochmals 1 Stunde bei 180 °C bräunen lassen. Im Bräter servieren. |

*Idyllischer Blick auf den Hammerteich*

*Kirchenorgel*

# Langenauendorfer Pilz-Gulasch

MIT SCHWEIN

| | |
|---|---|
| 2 große Zwiebeln | in grobe Stücke schneiden und in |
| 2 EL Olivenöl | anschwitzen. |
| 400 g Kasselerkamm | in mundgerechte Stücke schneiden, zugeben und kurz durchbraten. |
| 700 g Mischpilze | waschen, klein schneiden, dazugeben. |
| 4 – 5 Gewürzgurken | |
| 2 Tomaten | klein schneiden, zufügen. Mit |
| Pfeffer, Salz, Paprika | |
| 2 Lorbeerblätter | |
| 1 Msp. Piment | |
| 2 EL Tomatenketschup | würzen. Etwas |
| Gurkenbrühe | auffüllen und fertig schmoren. Vor dem Servieren mit |
| Wildkräutern | überstreuen. |

*Dazu passen Salzkartoffeln oder Nudeln.*



*Von Olly Lottermoser, Bad Liebenwerda*

*Dieser Pilz ist für ein Pilzgericht nicht geeignet*

*Mit der Naturwacht auf Radtour*

# Falsches Huhn

*Dazu passen Salzkartoffeln und Mischgemüse.*

| | |
|---|---|
| 4 Scheiben Schweinekamm (ohne Knochen) | klopfen, mit |
| Salz, Pfeffer (aus der Mühle) | würzen, mit |
| Butter | bestreichen und mit viel |
| Petersilie (gehackt) | bestreuen. Wie Rouladen wickeln und zubinden, in |
| 50 g Margarine | anbraten. |
| je 50 g Zwiebeln, Möhre, Sellerie | fein hacken, zugeben, braten. Mit |
| Wasser (nach Bedarf) | ablöschen und zugedeckt gar dünsten. Zum Schluss die Soße passieren und anrichten. |

*Von Gottfried Schönitz, Biehla*



# Schweinefilet auf Zucchinigemüse

| | |
|---|---|
| 12 Schweinemedaillons (à 50 g) | mit |
| Salz, Pfeffer | würzen, mit |
| 12 Scheiben Bauchspeck | umwickeln, mit Holzstäbchen fixieren. In |
| Mehl | wenden und in |
| 60 g Margarine | bei mittlerer Hitze von beiden Seiten ca. 4 Minuten braten. Vor dem Servieren die Holzstäbchen vorsichtig entfernen. Auf |
| Zucchinigemüse (Rezept S. 77) | anrichten. |

*Reichen Sie als Beilage Reis oder Kartoffelkroketten.*

*Spaziergang in Sallgast*

# Kasselernacken »Biene Maja«

| | |
|---|---|
| 2 kg Kasselerkamm (ohne Knochen) | mit |
| 30 Nelken | spicken, in einen Bräter legen. |
| 4 mittlere Zwiebeln | schälen, grob hacken, |
| 2 Äpfel | schälen, in Stücke schneiden, |
| 2 Knoblauchzehen | putzen und in Scheiben schneiden, |
| 2 Möhren | schälen, in Scheiben schneiden. Alle Zutaten in den Bräter geben. |
| 500 ml Fleischbrühe | auffüllen und abgedeckt bei 160 °C ca. 2 Stunden schmoren lassen. Nach Ende der Garzeit das Fleisch mit |
| 6 EL Honig | einstreichen und im Grill 4 bis 5 Minuten überglänzen. Anschließend herausnehmen, in Alufolie einwickeln und ruhen lassen. Mit einem Pürierstab die Soße pürieren und mit |
| 200 ml Schmand | verfeinern. Mit |
| Salz, Pfeffer (aus der Mühle) | abschmecken. Fleisch in Scheiben schneiden und auf einer Platte anrichten, Soße zur freien Verfügung dazu servieren. |

*Von Hans Jürgen Deutschmann, Döllingen*

*Dazu passen Knödel und Spreewälder Sauerkraut.*

*Einsame Sommerblüte*

*Oldtimer-Treffen*

# Falscher Wildschweinbraten

| | |
|---|---|
| Je 10 Wacholderbeeren, Pfefferkörner, Nelken | zerstoßen bis ein Pulver entsteht, mit |
| 2 TL Meersalz | mischen. |
| 1½ kg Schweineschulter (ohne Fett) | in 8 cm dicke Stückchen schneiden, mit dem Gewürz einreiben, in eine Schüssel geben, verschließen und drei Tage im Kühlschrank stehen lassen. Dabei täglich wenden. Danach herausnehmen und trocken tupfen. In einem großen Bräter |
| 2 EL Öl | erhitzen, das Fleisch von allen Seiten knusprig anbraten, |
| 1 Möhre | |
| 3 mittlere Zwiebeln | schälen und grob hacken, zufügen. |
| 3 Knoblauchzehen | putzen, fein hacken, zugeben, anbraten. |
| 1 kleine Chilischote | zerkleinern, im Bratfett glasig dünsten (nicht bräunen). Mit |
| 1 l Rotwein | auffüllen und |
| 2 EL Tomatenmark | einrühren. Zugedeckt im Backofen bei 120 °C ca. 1½ Stunden schmoren lassen. Danach das Fleisch herausnehmen. |
| 1 Tasse Rotwein | |
| 2 TL Rotweinessig | und |
| 1 TL Rosmarinpulver | zum Bratensatz geben und 10 Minuten köcheln lassen, pürieren und passieren. Fleisch wieder hinzugeben und durchziehen lassen. |

*Von Maik Hänßgen, Wainsdorf*

*Die Soße mit breiten Bandnudeln als Vorspeise reichen. Das Fleisch als Hauptgericht mit frischem Brot und Apfelrotkohl servieren. Dazu empfehle ich einen kräftigen Rotwein.*

*Reiterspiele in Doberlug*

# Zur Brauereigeschichte von Finsterwalde

Einmal, als Abraham Koswig, ehemals Bürgermeister von Finsterwalde, durstig von seinen schweren Amtsgeschäften nach Hause gehen wollt, begegnete ihm seine Frau, die einen Eimer mit Bier trug. Koswig, durstig wie er war, fragte die Frau, ob er einen Schluck nehmen könne, was diese, da ihr seine Trinkfestigkeit nur zu bekannt war, deshalb nur mit Zögern bewilligte. Und richtig, der ehrenwerte Bürgermeister trank den ganzen Eimer mit einem gewaltigen Schluck aus, ohne einmal abzusetzen.

*Quelle: 1. Sonderheft, Heft 4 der Schriftenreihe »Finsterwalder Heimatkalender«*

# Radigks Braumeisterhaxe



| | |
|---|---|
| 2 Hintereisbeine (frisch) | mit |
| Salz, Pfeffer (aus der Mühle) | |
| Knoblauch-, Paprikapulver | gut würzen, scharf in |
| 80 g Schweineschmalz | anbraten. |
| 1 große Zwiebel | |
| 1 Möhre | schälen und grob zerteilen, zufügen. |
| 2 EL Senf | und |
| 3 Knoblauchzehen | dazugeben, schön durchbraten und mit |
| 1 l Bier (hell) | ablöschen. Mit ein wenig |
| Wasser | auffüllen, zugedeckt weich schmoren. Fleisch entnehmen, die Soße passieren, mit |
| Mehl, Stärke | binden. Das Fleisch vom Knochen trennen, in Scheiben schneiden. |

*Servieren Sie dazu frisches Sauerkraut. Als Beilagen eignen sich frisches Brot, Tresterbrötchen und natürlich ein Bierchen.*

*Ein frisch gekürter Spargelsuppenkönig 2007 in Begleitung von Frank Claus*

# Schwalbennester Monte Lugau

| | |
|---|---|
| 4 Scheiben Kasselerkamm (ohne Knochen) | klopfen, leicht mit |
| Salz, Pfeffer | würzen. |
| 1 Zwiebel | in Ringe schneiden, auf das Fleisch legen. |
| 4 Eier | hart kochen, schälen und in die Kasselerscheiben wickeln. In eine gefettete Pfanne geben und im Backofen bei 140 °C ca. 30 Minuten garen. In der Zwischenzeit |
| Kartoffelpüree (Rezept S. 57) | zubereiten. In die Mitte auf vorgewärmte Teller geben. Die Kasselerrouladen in der Mitte durchschneiden, mit der Schnittfläche nach oben auf dem Kartoffelpüree anrichten. |

*Reichen Sie dazu Gemüse der Saison, am besten aus dem eigenen Garten.*

*Berliner Roller – Baujahr 1964 – 125 Kubikzentimeter*

# Frankenaer Schweineröllchen

| | |
|---|---|
| 6 Schweineschnitzel (à 150 g) | klopfen, längs halbieren mit |
| Salz, Pfeffer (aus der Mühle) | würzen. |
| 12 Scheiben Schinkenspeck | auf die Schnitzel legen. |
| 1 Zwiebel | schälen, in Ringe schneiden, auf den Bauchspeck geben, aufrollen und mit Zahnstochern feststecken. Von außen nochmals würzen und in heißer |
| Margarine | von allen Seiten anbraten. Danach Temperatur reduzieren und mit geschlossenem Deckel ca. 45 Minuten köcheln lassen. Röllchen herausnehmen, warm stellen. |
| 100 g Zwiebel | schälen, fein hacken, in den Bratenfond geben. |
| 700 g Pfifferlinge | dazugeben, 15 Minuten durchbraten und bei Bedarf mit Wasser ablöschen. |
| 200 g Schmelzkäse | zufügen, schmelzen lassen, mit |
| Salz, Pfeffer (aus der Mühle) | abschmecken und ggf. mit etwas |
| Mehl | binden. Schweineröllchen wieder in die Soße geben und noch ca. 10 Minuten schwach köcheln lassen. |



*Von Karin Pietschmann, Finsterwalde*

*Schwein am Spieß zum 70. Geschäftsjubiläum*

*Kirche in Elsterwerda*

# Schweinekrüstchen mit Currysoße

| | |
|---|---|
| 12 Schweinemedaillons (à 60 g) | mit der Hand leicht breit drücken, mit |
| Salz, Pfeffer (aus der Mühle) | würzen, in |
| Mehl | wenden und in |
| Margarine | anbraten. |
| 2 Brokkoli | putzen, in kleine Röschen teilen, in |
| Salzwasser | bissfest garen, kalt abspülen. |
| 4 Scheiben Weißbrot | in kleine Würfel schneiden, mit |
| 2 Eier | |
| Salz, Pfeffer (aus der Mühle) | |
| 100 ml süße Sahne | und den Brokkoliröschen gut verrühren, alles auf die Medaillons geben und im Ofen oder Grill 10 Minuten gratinieren. |

## Die Currysoße

| | |
|---|---|
| 100 g Butter | im Topf zerlassen, |
| 60 g Mehl | einrühren, anschwitzen, mit |
| etwas Weißwein | |
| 100 ml süße Sahne | und |
| Geflügelfond | auffüllen, mit |
| Curry, Salz, Pfeffer (aus der Mühle) | kräftig abschmecken und 10 Minuten köcheln lassen. |

*Ein appetitliches Farbspiel entsteht, wenn man das Gericht mit schwarzen Nudeln anrichtet.*

*Historischer Schlafraum in der Oppelhainer Mühle*

# Hansis Winzerschmaus (für 6 Personen)

| | |
|---|---|
| 3 große Zwiebeln | schälen, würfeln, |
| 4 Knoblauchzehen | schälen, hacken, |
| 2 kg Kartoffeln (festkochend) | schälen, in Scheiben schneiden. Zutaten vermischen und mit |
| Salz, Pfeffer (aus der Mühle) | würzen. Die Hälfte in einen feuerfesten Topf geben. |
| 6 Kotelett (à 180 g) | leicht klopfen, hinter den Knochen jeweils mit einer von |
| 6 Wacholderbeeren | und |
| 6 Knoblauchzehen | spicken. In |
| Mehl | wenden und in heißem |
| Öl | braun anbraten. Auf die Kartoffel-Zwiebel-Mischung geben, die restliche Mischung darüber verteilen und nochmals mit |
| Salz, Pfeffer (aus der Mühle) | würzen. |
| 400 g mageren Schinkenspeck | in Streifen schneiden, darauf verteilen. |
| ½ l Weißwein (Spätlese) | übergießen, jetzt noch ein |
| Kräutersträußchen (Petersilie, Thymian, Lavendel, Salbei und Rosmarin) | auflegen und zugedeckt für 4 Stunden bei 140 °C in den Backofen. Das Warten lohnt sich! |

*Von Hans Jürgen Deutschmann, Döllingen*

*Der Winzerschmaus kann sehr gut einen Tag vorher vorbereitet werden. Zum Fertigstellen muss er nur noch in den Backofen. Sie können den Wein auch durch Apfelsaft ersetzen.*

*In Mühlberg*

# Meerrettichfleisch mit Apfel

| | |
|---|---|
| 1 große Zwiebel | schälen, fein hacken und in |
| 3 EL Sonnenblumenöl | anschwitzen. |
| 600 g Schweinekamm (ohne Knochen) | in feine Streifen schneiden, zu den Zwiebeln geben, mit |
| Salz, Pfeffer (aus der Mühle) | sowie |
| ½ TL Paprika | würzen. |
| 4 Äpfel | schälen, entkernen, achteln, dazugeben und durchschwenken. Mit |
| 2 EL Schmand | und |
| Meerrettich (frisch gerieben) | binden, nochmals abschmecken. |

*Das Meerrettichfleisch auf geröstetem Mischbrot servieren.*

*Die Elstermühle in Plessa*

*Der Frühling kommt*

# Sächsischer Sauerbraten

| | |
|---|---|
| Essigbeize (Rezept S. 116) | halbe Menge des Rezeptes zubereiten, nach dem Abkühlen |
| ½ l Buttermilch | zufügen. In der Beize |
| 1 kg Rinderschmorbraten | ca. 3 Tage marinieren. Danach herausnehmen und abtrocknen, mit |
| Salz, Pfeffer (aus der Mühle) | würzen. |
| 100 g geräucherten Speck | würfeln und in einer Bratpfanne auslassen, |
| 100 g Margarine | zugeben, das Rindfleisch darin anbraten. Das Gemüse aus der Beize zugeben und ebenfalls anbraten. |
| 2 Zwiebeln | schneiden, würfeln, dazugeben, anbraten. Mit |
| 100 ml Rotwein | ablöschen und nach und nach die Beize zufügen, ca. 90 Minuten zugedeckt schmoren lassen. Fleisch herausnehmen und warm stellen. |

## Die leckere Soße

| | |
|---|---|
| ½ – 1 Pck. Pulsnitzer Soßenkuchen | mit |
| 100 g Schmand | und etwas |
| Wasser | verrühren, die Soße damit binden, passieren und nun |
| 40 g Rosinen | zugeben, aufkochen lassen. Das Fleisch in Scheiben schneiden und mit der Soße begießen. |

*Zum Sauerbraten immer viel Soße reichen. Klöße (Rezept S. 51) und Rotkohl passen gut dazu.*

Im ElsterNatoureum in Maasdorf

*Landwirtschaft um 1950*

# Rinderpökelbrust mit Meerrettichsoße

| | |
|---|---|
| 1 kg Rinderpökelbrust | waschen, gut abtrocknen und in einem großen Topf mit |
| 50 g Schmalz | von beiden Seiten anbraten. Mit |
| 1 l Wasser (heiß) | ablöschen und ggf. auffüllen (Fleisch sollte bedeckt sein). |
| 200 g Zwiebeln | |
| je 100 g Sellerie, Porree, Möhren | putzen, grob schneiden und mit |
| 6 Pfefferkörner | |
| 3 Pimentkörner | |
| 1 Gewürznelke | |
| 2 Lorbeerblätter | in den Suppentopf geben. Aufkochen lassen und ca. 1¾ Stunde ziehen lassen, herausnehmen und in Scheiben schneiden. Brühe aufbewahren. |

**Die Meerrettichsoße**

| | |
|---|---|
| 50 g Margarine | mit |
| 40 g Mehl | zu einer Schwitze verarbeiten, mit |
| ½ l Rinderpökelbrustbrühe | auffüllen und gut durchkochen lassen. Zum Schluss |
| 2 EL Schmand | und nach Geschmack |
| 2 – 3 EL Meerrettich (frisch gerieben) | einrühren, nochmals mit |
| Salz | abschmecken. Fleisch und Soße zusammen auf einem Teller anrichten. |

*Um eine schöne helle Soße zu bekommen kann man die Hälfte der Fleischbrühe durch Milch ersetzen. Reichen Sie dazu Kartoffelklöße (Rezept S. 51) und frisches Spreewälder Sauerkraut.*



*Ausstellung des traditionellen Glashüttenhandwerks im Museum Neuburxdorf*

# Von Mägden, Knechten und den Weingeistern

*Von Hans-Dieter Lehmann*

Im Schliebener Land werden die Märchen und Geschichten von Hollricken-Geistern erzählt. Diese sagenhaften Wichte sollen zur nächtlichen Stunde den »Langen Berg« bevölkert und heimkehrenden Gästen, aus den Weinkellern im Martinsberg, das Leben schwer gemacht haben.

Volksfeste, wie der Moienmarkt (Mädchen und Mägdemarkt) waren auch schon in der früheren Zeit (nachweislich seit 1593) Treffpunkt für die bäuerliche Bevölkerung der Schliebener Umgebung. Hintergrund war es, Mägde und Knechte für das nächste Jahr zu verdingen. So traf man sich zu diesem Anlass immer zwischen der Heu- und Getreideernte im Juli. Die Bauern nahmen sich

*Schloss Doberlug bei Nacht*

*Garten der Sinne in Bad Liebenwerda*

ein bis zwei Tage Zeit, um neue Mägde und Knechte, aber auch neuen Hausrat und Zuchtvieh für ihre Wirtschaft zu organisieren. Nachdem guter Handel und Wandel betrieben wurde, führte der Weg wohl regelmäßig in die seit 1510 bestehenden Weinkeller im Martinsberg. Diese Tradition wird seit nunmehr über 400 Jahren ununterbrochen fortgesetzt. Auch heute findet noch reger Wandel und Handel statt und zur Krönung wird die Schliebener Moie gekürt.

## Schliebener Hollricken

Von Hans-Dieter Lehmann

*In den tiefen Höhlen am Bergesrand,*
*zwischen Löß und Heidesand,*
*warten sie seit vielen Jahren*
*mit spitzen Krallen und langen Haaren*
*auf den verspäteten Moiengast,*
*der die Gunst der Moien verpasst,*
*trunken ist vom Schliebener Wein,*
*sucht seinen Weg im Mondenschein.*
*Wird nun ein Opfer der Hollrickenzwerge*
*aus dem Schliebener Martinsberge.*
*Freudig treibt das gemeine Pack*
*schamlos dreisten Schabernack.*
*Stoßen, Zwicken, Zerren, Schlagen*
*muss der arme Mann ertragen.*
*Doch die Hilfe naht*
*mit diesem wohlgemeinten Rat:*
*Aus ist's mit Quälerei*
*hast du den Käs und Dill dabei!*
*Denn Dill und Käse kann der Magen*
*der Schliebener Zwerge nicht vertragen.*

*Alles neu macht der Mai,*
*macht die Seele frisch und frei*

# Schwarzbierfleisch

| | |
|---|---|
| 1½ kg Rinderschmorfleisch | in 3 x 3 cm große Würfel schneiden, in einem Schmortopf mit |
| 6 EL Sonnenblumenöl | braun anbraten und mit |
| Salz, Pfeffer (aus der Mühle) | gut würzen. |
| 8 mittlere Zwiebeln | schälen und grob hacken, zum Fleisch geben. |
| 4 Knoblauchzehen | schälen, in Scheiben schneiden, dazugeben, braten. |
| ½ l Schwarzbier | auffüllen und zuletzt |
| 1 Kräutersträußchen | auflegen, mit einem Deckel verschließen. Im vorgeheizten Backofen bei 180 °C ca. 2½ Stunden schmoren lassen. Am Ende der Garzeit Kräutersträußchen entfernen. |
| 80 g Butter | und |
| 250 g Schmand | dazugeben, unterrühren, nochmals mit |
| Salz, Pfeffer (aus der Mühle) | würzen und im Schmortopf servieren. |



*Von Hans Jürgen Deutschmann, Döllingen*

*Dazu empfehle ich Rotkohl und Salzkartoffeln.*

*Historische Einkaufsnacht in Elsterwerda*

# Rinder-Roulade nach Großmutters Art

| | |
|---|---|
| 4 dünne Scheiben Rindfleisch (à 180 g) | klopfen, auf der Arbeitsfläche breit auslegen, mit |
| Salz, Pfeffer (aus der Mühle) | würzen, mit |
| Bautzener Senf | bestreichen. |
| 2 Gewürzgurken | vierteln, |
| 4 Scheiben geräucherten Speck | halbieren, |
| 1 große Zwiebel | schälen, in halbe Ringe schneiden. Alle Zutaten zu gleichen Teilen auf den Rouladen verteilen, straff zusammenwickeln und mit einer Rouladennadel oder Klammer fixieren. |
| 100 g geräucherten Speck | würfeln und in einer Bratpfanne auslassen. |
| 50 g Margarine | zufügen und stark erhitzen, die Rouladen von außen nachmals mit |
| Salz, Pfeffer (aus der Mühle) | würzen und von allen Seiten scharf anbraten. |
| 1 große Zwiebel, 1 Möhre | |
| 60 g Sellerie | schälen und grob schneiden. |
| 1 Knoblauchzehe | schälen und fein hacken, Zutaten zu den Rouladen geben, schmoren. |
| Je 4 Wacholderbeeren, Pimentkörner | |
| 1 Lorbeerblatt | |
| 2 EL Bautzener Senf | zufügen. |
| ½ l Buttermilch | nach und nach zugeben und gut durchbraten lassen. Ab und zu mit |
| Gewürzgurkenwasser | ablöschen, mit Wasser auffüllen und zugedeckt 90 Minuten schmoren lassen. Rouladen herausnehmen, warm stellen und die Soße mit |
| Mehl, Stärke | binden, passieren. |

*Auf den Senf einen Teelöffel Reis streuen, dadurch werden die Rouladen schön locker und bleiben saftig.*

*Winteridylle*

# Kalbsleber mit Zwiebelringen

| | |
|---|---|
| 2 Zwiebeln | schälen und in Ringe schneiden, in |
| Mehl | wenden (dadurch werden sie schön braun und knusprig), in |
| Butterschmalz | anbraten, warm halten. |
| 800 g Kalbsleber | enthäuten, von Adern befreien, in dünne Scheiben schneiden und in |
| Mehl | wenden, in heißer |
| Butter | von jeder Seite 1½ bis 2 Minuten braten. Mit |
| Salz, Pfeffer (aus der Mühle) | würzen, auf |
| Kartoffelpüree (Rezept S. 57) | anrichten und mit den Zwiebelringen belegen. |

*Kurzgebratene Apfelringe geben dem Gericht ein herrlich fruchtiges Aroma.*

Highland-Cattle-Ranch in Lausitz

*Vom Alltagsstress erholen – im Garten der Sinne, Bad Liebenwerda*

# Burgunder-Braten

| | |
|---|---|
| 150 g geräucherten Speck | würfeln und auslassen. |
| 50 ml Öl | hinzugeben, heiß werden lassen und darin |
| 2 kg Rinderschmorbraten | kräftig anbraten, mit |
| Salz, Pfeffer (aus der Mühle) | würzen. |
| 2 große Zwiebeln | |
| 5 Möhren | |
| 1 Sellerieknolle | |
| 2 Stangen Porree | putzen, grob zerteilen und zum Fleisch geben, kräftig durchbraten, mit |
| 1 l Burgunder | ablöschen. |
| Je 2 Nelken, Lorbeerblätter | |
| je 1 EL Pimentkörner, Wacholderbeeren | |
| je 1 TL Thymian, Rosmarin | |
| 1 Stck. Ingwer | und |
| 1 EL Tomatenmark | dazugeben, abdecken und im Backofen 2½ Stunden bei 140 °C schmoren lassen. Fleisch herausnehmen und Bratenfond passieren, reduzieren und nochmals abschmecken. |

*Traditionelle Beilagen sind Klöße und Rotkohl. Aber probieren Sie einmal Wirsing-Nudeln (Rezept S. 149) dazu. Schmeckt einfach lecker!*

*Von Barbara Hackenschmidt, Finsterwalde*

*Die Mühlenschänke in Plessa*

*Frühjahrsblüher in voller Pracht*

# Gefülltes Hähnchen

| | |
|---|---|
| 1 großes Fleischhähnchen | waschen, innen und außen mit |
| Salz | würzen. |

## Die Füllung

| | |
|---|---|
| 100 g Speck | auslassen, |
| 500 g Champignons oder Steinpilze | klein schneiden, im Speck 10 Minuten anbraten, abkühlen lassen. |
| 60 g Butter | schaumig rühren, |
| 1 Zwiebel | klein schneiden, zur Butter geben. |
| 2 Eier | |
| Salz und Majoran | dazugeben und mit den Pilzen vermengen. Diese Masse in das Hähnchen geben und zustecken (Rouladennadel). |



## Die Vollendung

| | |
|---|---|
| 100 g Schweineschmalz | im Bräter erhitzen und das Hähnchen von allen Seiten braun anbraten. |
| Je 100 g Zwiebeln, Möhren | |
| 200 g Pilze | klein schneiden und zum Hähnchen geben, braten und gelegentlich mit |
| Hühnerbrühe (Rezept S. 30) | ablöschen. Im Backofen bei 140 °C fertig garen. Das Hähnchen ist weich, wenn man die Keulen leicht eindrücken kann. Aus dem Bräter nehmen und den Bratenfond auf die gewünschte Soßenmenge auffüllen, leicht mit |
| Mehl, Stärke | binden. Die Soße muss nicht passiert werden. |

*Von Olga Lottermoser, Bad Liebenwerda*

*Am Tisch tranchieren und mit Salzkartoffeln und Mischgemüse servieren.*

*Wasserspiele in Finsterwalde*

# Massener Gänsebraten

| | |
|---|---|
| 1 Gans (4 – 5 kg) | waschen, von Stoppeln und Kielen befreien, die Talgdrüsen am Hals und Störzel ausschneiden, sämtliche Innereien entfernen, innen und außen gründlich abspülen. Die Gans an den Keulen und am Hals mit einer Fleischgabel mehrfach einstechen, damit das Fett besser ablaufen kann. Mit |
| Salz | innen und außen gut würzen. |
| 5 säuerliche Äpfel | schälen, entkernen und in die Gans geben, mit einer Rouladennadel verschließen und mit dem Rücken nach unten in einen großen Bräter legen. Für ca. 20 Minuten bei 220 °C in den Backofen geben. Jetzt |
| 2 Tassen Wasser | auffüllen und bei 160 °C nochmals 90 Minuten weiterbraten. Wasser immer wieder nachfüllen. Gans herausnehmen, auf ein Blech geben, wieder in den Ofen geben. Dabei regelmäßig mit |
| 100 ml Bier (hell) | und |
| 100 ml Salzwasser | bepinseln, damit die Haut schön knusprig wird. In der Zwischenzeit den Bratensatz aus dem Bräter lösen, in einen Topf geben und einen Großteil des Fettes abschöpfen. Mit |
| 50 ml Apfelsaft | und |
| Wasser | auffüllen, mit |
| Salz | abschmecken, mit |
| Mehl, Stärke | binden. |

*Klöße und Apfelrotkohl sind gute Begleiter. Das abgegossene Fett kann bei der Zubereitung des Rotkohls Verwendung finden oder zu Gänseschmalz verarbeitet werden.*

*Von Familie Petzold, Schraden*

*Gänseschar in Massen*

*In Lichterfeld*

# Arbeitstag eines Kohlekumpels um 1900

*Besucherinformationszentrum im Naturparkhaus,*
*Auszug aus »Kumpeltagebuch« von Karsten Bär*

**4:30 – 5:00 Uhr**

Mein Arbeitstag beginnt in aller Herrgottsfrühe. Halb fünf stehe ich auf, wasche mir am Wassertrog vor dem Haus den Schlaf aus den Augen und ziehe mich an. Gähnend gehe ich in die Küche. Wenn meine Käthe nicht wäre! Auf dem Küchentisch wartet schon das Paket mit den Leberwurstbemmen, daneben hat sie einen Apfel gelegt. [...] Nu aber los! Für den Fußmarsch von meinem Dorf zur Grube im Domsdorfer Revier brauche ich fast eine Stunde. Und um sechs beginnt die Schicht. Käthe winkt, ich drehe mich um und laufe los.

**5:00 – 6:00 Uhr**

[...] Wir treffen zur Morgenandacht an. Unsere »Kirche«, wo wir den Herrgott um seinen Segen für die Schicht bitten, ist ein einfacher Bretterverschlag. »Vor Gericht und unter Tage ist man alleine in Gottes Hand«, sagt [...] unser Obersteiger immer. [...] Aus der Zechenstube holen wir das Gezähe (Werkzeug). Die Glocke läutet, die Schicht beginnt.



**6:00 – 9:00 Uhr**

Auf dem Weg zum Schacht kommt uns mit kohlrabenschwarzen Gesichtern die Nachtschicht entgegen. Wir grüßen kurz, hängen uns die Karbidlampen an einen Vierzollnagel, den jeder von uns in die Krempe seines Hutes gefädelt hat, und fahren durch das Stollenmundloch ein. Anders als noch vor Jahren, [...] laufen wir heute auf der schiefen Ebene hinunter zur Hauptstrecke. Entlang dieses Ganges treiben wir seitlich Schächte in das Kohleflöz. Zusammen mit Karl, meinem Häuer, mache ich mich ans Werk. Während Karl die Kohle mit der Haue heraushackt, arbeite ich als Fördermann, schippe die Kohlebrocken in Loren und schiebe sie zum Hauptfüllort, von wo sie nach Übertage gezogen werden.

**9:00 – 12:00 Uhr**

Damit das Deckgebirge nicht zusammenbricht, lässt der Häuer »Stempel« aus Kohle stehen. Mit Brettern werden die Stempel untersteift. So entsteht ein Hohlraum von fünf mal fünf Metern Grundfläche [...]. Haben wir einen Hohlraum ausgekohlt, trecken wir die Stempel heraus. Wenn das

*Grubendirektion der Brikettfabrik Louise Domsdorf um 1905*

Gewölbe knirscht und einstürzen will, heißt es: Raus in die sichere Hauptstrecke! Manch einer hat es nicht mehr geschafft. Die letzten Stempel werden von außen mit Haken umgeschmissen [...] »Bruchwerfen« nennen wir das, weil Übertage dabei Brüche in der Erdoberfläche entstehen.

**12:00 – 18:00 Uhr**

Wir müssen jeden Tag 22 Loren füllen. Unterbrochen wird die ganze Plackerei nur von zwei Pausen: eine halbe Stunde Frühstück, eine Stunde Mittag. Ich bin jedes Mal froh, wenn wir die Arbeit ohne ein Unglück hinter uns gebracht haben. Nicht nur das Bruchwerfen ist kreuzgefährlich. [...] Als Bergmann stehst du immer mit einem Bein im Grab. Wenn die Glocke nach zwölf Stunden wieder läutet, verlassen wir den Schacht und atmen endlich wieder frische Luft. Mit müden Knochen mache ich mich auf den Weg nach Hause, wo Käthe schon auf mich wartet.

*Belegschaftsversammlung der Brikettfabrik Louise im Jahr 1938*

*Oldtimer-Museum in Reichenhain*

# Kirchhainer Hähnchen-Topf

| | |
|---|---|
| 8 Scheiben Speck | als »Kamm« einschneiden und in einem großen Topf anbraten, herausnehmen, zur Seite stellen. |
| 1 Hähnchen | waschen, abtropfen lassen und in 12 Stücke zerteilen, mit |
| Salz, Pfeffer (aus der Mühle) | würzen. Zügig in dem Speckfett anbraten. |
| 2 Zwiebeln | schälen, grob hacken. |
| 3 Knoblauchzehen | abziehen und in Scheiben schneiden. |
| 100 g Petersilienwurzel | putzen und würfeln. Gemüse kurz anbraten, mit |
| 1 l Brühe | ablöschen, 30 Minuten schmoren lassen. Kurz vor Ende der Garzeit |
| 1 grüne Paprika | putzen und klein schneiden, dazugeben mit |
| Salz und Chili | nachwürzen. |

*Dazu reicht man frisches Körnerbrot.*

## Die Grießklößchen



| | |
|---|---|
| 2 Eier, 2 Eigelb | mit |
| 1 Prise Salz | und etwas |
| Grieß | zu einer zähtropfenden Masse verrühren. Mit zwei Teelöffeln kleine Tropfen in das kochende Gericht geben, aufkochen lassen, den Speckkamm auf dem Hähnchentopf verteilen und mit |
| Petersilie (gehackt) | bestreuen, servieren und schmecken lassen. |

*Von Roland Romanowski, Elsterwerda*

*Straußentag in Plessa*

*Oma und das liebe Federvieh*

# Puten-Röllchen

| | |
|---|---|
| 4 Scheiben Putenbrust (à 180 g) | vorsichtig wie Rouladen breit klopfen, nebeneinander auf ein Arbeitbrett legen und mit |
| Salz, Pfeffer (aus der Mühle) | würzen. Davon 2 Scheiben mit |
| Paprikafrischkäse | bestreichen. |
| ½ rote Paprika | putzen, in lange Streifen schneiden, die beiden Fleischscheiben damit belegen. Straff zusammenwickeln, fixieren und auf ein gefettetes Blech geben. Die anderen 2 Scheiben mit |
| Kräuterfrischkäse | bestreichen und mit |
| Salz, Pfeffer (aus der Mühle) | würzen. Mit |
| Mangold- oder Spinatblätter | belegen, ebenfalls straff zusammenwickeln und auf das Blech geben, eine |
| 1 Tasse Wasser | dazugeben, von außen mit |
| Paprika und Salz | würzen, im Backofen bei 120 °C garen. Die Putenröllchen herausnehmen und den Fond mit |
| 2 EL Schmand | |
| 30 g Butter | |
| 20 g Tomatenmark | verrühren und mit |
| ¼ l Fleischbrühe | auffüllen, binden, passieren. |

*Putenröllchen in der Mitte schräg aufschneiden und jeweils ein halbes rotes und ein halbes grünes Röllchen auf breiten Bandnudeln anrichten. Die Soße extra reichen.*

*Denkmal in Neuburxdorf*

# Rotweinbeize zu Wild

½ l Wasser, ¼ l Rotwein
je 2 Lorbeerblätter, Zimtstangen
je 4 Pimentkörner, Nelken
8 Wacholderbeeren
8 cl Orangenlikör
Salz

zugedeckt ca. 5 Minuten köcheln, abkühlen, lassen.

*Damwildgehege in Neuburxdorf*

*Kräutergarten in Oppelhain*

# Wildschwein-Braten

| | |
|---|---|
| 1 kg Wildschweinkeule (ohne Knochen) | in |
| Rotweinbeize (Rezept S. 112) | im Kühlschrank ca. 48 Stunden zugedeckt marinieren. Anschließend das Fleisch herausnehmen und trocken tupfen, mit |
| Salz, Pfeffer (aus der Mühle) | würzen. |
| Je 75 g Öl, Margarine | in der Bratpfanne erhitzen und das Fleisch von allen Seiten scharf anbraten. |
| 2 Zwiebeln, 1 Möhre | |
| 100 g Sellerie | schälen, grob würfeln, dazugeben, kurz mitbraten und danach mit etwas Beize ablöschen (nach Geschmack), evtl. mit Wasser auffüllen, im Backofen bei 180 °C ca. 90 Minuten braten. Dabei regelmäßig mit Bratensaft begießen. Fleisch herausnehmen, warm stellen. Der Soße |
| 150 g Schmand | |
| 1 TL Orangenschale (gerieben) | |
| 1 Prise Zimt (gemahlen) | zugeben, bei Bedarf andicken, passieren und nochmals abschmecken. Fleisch in Scheiben schneiden und auf einer vorgewärmten Platte, mit frischen |
| Waldpilzen | anrichten. Soße extra reichen. |

*Zu diesem aromatischen Braten passen am besten Semmelknödel (Rezept S. 69) und Ananasrotkraut.*



*Am Finsterwalder Schloss*

# Im Wald und auf der Heide ...

...da such ich meine Freude, ich bin ein Jägersmann...

*Von Lars Thielemann, Rückersdorf*

Das Jagen wildlebender Tiere ist so unmittelbar mit der menschlichen Entwicklung verbunden, wie wohl kaum eine andere Form der Nahrungs- und Rohstoffbeschaffung. Selbst die Entwicklung von Ackerbau und Viehzucht löste die Jagd nie ganz ab. In späteren Zeiten war die Jagd meist Angelegenheit der Mächtigen und wurde im ausgehenden Mittelalter in erster Linie zu einem gesellschaftlichen Ereignis. In diesem Zusammenhang wurde auch die Region des heutigen Naturparks Niederlausitzer Heidelandschaft interessant. Der Wald- und damit auch Wildreichtum unserer Region lockte die Herrschenden zu groß angelegten Jagden und mancher Adelssitz wurde vornehmlich als Jagdschloss genutzt.



Die höfische Jagd war allerdings stärker am Erlebniswert und modischen Erscheinungen orientiert, als an der bloßen Erbeutung von Wildbret. So wurde etwa bei großräumigen Treibjagden mit erheblichem personellen Aufwand Wild in mit Tüchern oder Netzen abgesperrte Bereiche getrieben und zum Teil vor Publikum erlegt. Später kam die französische oder Parfource-Jagd in Mode, bei der ein einzelnes Tier, durch die berittene Jagdgesellschaft mit Unterstützung von Hundemeuten und zahlreichen Jagdhelfern, bis zu dessen völliger Erschöpfung gehetzt wurde.

Eine regionale Besonderheit war die königliche Jagd auf

*Eine Damwildherde im Winterkleid*

*Traubeneicheln im Naturschutzgebiet*

den Auerhahn in den ausgedehnten Wäldern der Niederlausitz. Im zeitigen Frühjahr, in der Morgendämmerung, wurde der balzende und somit weniger aufmerksame Hahn an den traditionellen Balzplätzen geschossen. Es ist überliefert, dass damalige Forstbedienstete Sorge zu tragen hatten, dass diese Balzplätze erhalten blieben. Dazu wurden diese Gebiete von Störungen und den sonst üblichen Waldnutzungen freigehalten. Somit entstanden erste Vorläufer unserer heutigen Naturschutzgebiete. Ein Sprichwort aus dieser Zeit bringt es deutlich zum Ausdruck: *»Wer stört den stolzen Auerhahn, der wird vom Henker abgetan!«*

*Damwild – charakteristisch ist das Schaufelgeweih der männlichen Tiere*



Die noch heute übliche Einteilung des jagdbaren Wildes in Hoch- und Niederwild stammt aus dieser Zeit. War der Auerhahn oder der Rothirsch dem Hochadel vorbehalten, durften Reh und Hase vom niederen Adel bejagt werden. Dem einfachen Bauern oder Bürger war die Jagd gänzlich verboten und so blieb diesen höchstens das Handwerk des Wilderers. Dieser Umstand und die durchaus schweren Belastungen des Bauernstandes durch die adlige Jagd, waren einer der Auslöser der bürgerlichen Revolution in Deutschland, in deren Folge ein neues Jagdrecht Einzug hielt. Von nun an gehörte das Jagdrecht dem Grundstückseigentümer. Dieses Recht wird in der Regel verpachtet und so kann heutzutage jeder die Jagd ausüben, der durch Prüfung eine Jagderlaubnis erlangt hat.

Der Wildreichtum unserer Region versorgt die Küche mit wertvollem und gesundem Wildbret. Im Naturpark Niederlausitzer Heidelandschaft sind vor allem die Hauptwildarten Schwarzwild, Rotwild und Rehwild anzutreffen.

*Der Traubeneichenwald »Forsthaus Prösa«*

# Essigbeize – Grundrezept

| | |
|---|---|
| 1 l Wasser | |
| je 2 Möhren, Zwiebeln | |
| 10 Wacholderbeeren | |
| 1 Zweig Thymian | |
| 6 Pimentkörner | |
| 4 Lorbeerblätter | |
| 1 TL Salz | zugedeckt ca. 20 Minuten leicht köcheln lassen. Zum Schluss |
| 100 ml Spritessig (10 %) | zugeben und zugedeckt abkühlen lassen. |

*Mit dieser Beize bereiten wir Hirschbraten und Sauerbraten zu. Wenn die Beize heiß über das Fleisch gegossen wird, reduziert sich die Marinierzeit um die Hälfte.*

*Seenlandschaft im Naturpark*

*Fanfarenbläser der Fuchsjagd bei Lindena*

# Deftiger Hirschbraten

| | |
|---|---|
| 1 kg Hirschkeule (ohne Knochen) | in der |
| Essigbeize (Rezept S. 116) | ca. 3 Tage marinieren, herausnehmen und von den Sehnen befreien. Mit |
| Salz, Pfeffer (aus der Mühle) | würzen. |
| 150 g fetten Speck (geräuchert) | würfeln, in einer Bratpfanne auslassen. |
| 100 g Margarine | zugeben und recht heiß werden lassen. Das Hirschfleisch von allen Seiten scharf anbraten, das Gemüse aus der Beize zugeben und bei Bedarf mit der Beize (nach Geschmack) ablöschen, nach und nach |
| 500 ml Buttermilch | zufügen. |
| 2 EL Meerrettichsenf | zum Braten geben, mitbraten bis eine schöne dunkle Farbe entsteht. Zugedeckt ca. 90 Minuten im Backofen schmoren lassen. Fleisch herausnehmen, Soße mit |
| Wildbrühe (Rezept S. 31) | auffüllen und mit |
| Mehl, Stärke | binden, danach passieren und nochmals abschmecken. |



*Brät man mit Buttermilch und Senf, brennt der Soßenfond leicht an – also rühren, rühren, rühren. Traditionell reicht man Apfelrotkohl und Klöße dazu.*

*Eine Kremsertour im Naturpark Niederlausitzer Heidelandschaft*

*Windmühle bei Trebbus*

# Wildhasen-Sülze

Sülze kocht man nicht nur für vier Personen!

| | |
|---|---|
| 1 Möhre | |
| 60 g Sellerie | |
| ½ Stange Porree | putzen, grob zerkleinern. |
| 3 Hasenkeulen (ca. 750 g) | mit |
| Salz, Pfeffer (aus der Mühle) | kräftig würzen und in |
| 1 EL Sonnenblumenöl | kräftig anbraten. Das vorbereitete Gemüse mit |
| 4 Wacholderbeeren | |
| je 2 Lorbeerblätter, Pimentkörner | |
| 1 kleiner Zweig Thymian | zugeben und anbraten. Mit |
| 300 ml Wasser | ablöschen und zugedeckt ca. 60 bis 90 Minuten leicht schmoren lassen (Garzeit richtet sich immer nach dem Alter der Tiere). |
| 5 Blatt Gelatine | in kaltem Wasser einweichen. Die Keulen aus dem Fond nehmen und den Fond durchsieben. |
| 125 g Champignons | putzen, klein schneiden und im Fond blanchieren, mit der Schaumkelle herausnehmen und abtropfen lassen. Das Fleisch vom Knochen lösen und würfeln. Die ausgedrückte Gelatine im Fond auflösen. |
| 1 – 2 EL Portwein | |
| 2 – 3 EL Rotweinessig | und |
| 4 EL Rotwein | dazugeben und kräftig abschmecken. Fleisch und Pilzscheiben in eine Terrine füllen und mit dem Fond übergießen. Über Nacht im Kühlschrank kalt stellen. |

*Sülze muss sehr kräftig abgeschmeckt werden, da das Fleisch viel Würze aufnimmt. Die Sülze in Scheiben schneiden und mit Preiselbeer-Remoulade servieren. Dazu gibt es Bratkartoffeln.*

*Winterzauber bei Reichenhain*

# Schacksdorfer Kaninchen-Braten
## (für 6 Personen)

| | |
|---|---|
| 1 Kaninchen | waschen, trocken tupfen, in Stücke zerteilen und mit |
| Salz, Pfeffer (aus der Mühle) | würzen. |
| 150 g Bauchspeck | würfeln und in |
| 3 EL Olivenöl | anschwitzen, das Kaninchenfleisch zugeben und von allen Seiten anbraten. Herausnehmen und zur Seite stellen. |
| 8 kleine Zwiebeln | schälen und vierteln, |
| 3 Knoblauchzehen | schälen und in Scheiben schneiden, |
| 400 g Champignons | putzen und klein schneiden, Zutaten im Bratfett 10 Minuten schmoren. |
| 1 rote Paprika | putzen und in feine Streifen schneiden, zufügen. |
| 500 g Tomaten | überbrühen, abziehen, achteln, dazugeben und mit |
| ⅛ l Weißwein | angießen. Das Kaninchenfleisch hineingeben und im Backofen zugedeckt bei 140 °C ca. 1 Stunde garen. |



*Die Soße nicht passieren, nur beim Anrichten mit Petersilie bestreuen. Als Beilagen eignen sich Reis, Spätzle oder Nudeln.*

*Alte Feuerwehrtechnik beim Umzug in Trebbus*

# Das Sängerlied von Finsterwalde

*Von Renate Poetzsch, Finsterwalde*

Kaum hatte sich im Jahre 1899 der »humoristische Marsch mit Gesang« von Wilhelm Wolff »Wir sind die Sänger von Finsterwalde« den Weg in die Ohren und Herzen der Menschen gebahnt, erwachten allerorts Dichterseelen zum Thema. Hier das Sängerlied mit Text und Musik von Helmut Boensch:

*Die Sänger von Finsterwalde*
*An der Strecke Cottbus-Halle*
*An der Schacke breitem Strom,*
*Liegt das Städtchen Finsterwalde,*
*Wo man pflegt den »guten Ton«,*
*Ja, dort lebt es sich so friedlich,*
*Froh und heiter und vergnügt,*
*Alle Leute, die sind so gemütlich,*
*Und es singt gleich alles mit: Wir sind die Sänger …*



*Ach wie schön ist unser Städtchen,*
*Wo der Frohsinn ist zu Haus,*
*Noch viel schöner sind die Mädchen,*
*Und du rufst begeistert aus,*
*Wenn dereinst ich Hochzeit halte,*
*Weiß ich heute schon genau,*
*Ja, dann hol ich mir aus Finsterwalde*
*Meine süße, kleine Frau: Wir sind die Sänger …*

*Magnolien in Finsterwalde*

*Viele Jahre schon und länger,*
*Sind wir überall bekannt,*
*Als die Finsterwalder Sänger,*
*In dem ganzen deutschen Land,*
*Unser Lied, das soll erklingen,*
*Von der Lausitz bis zum Watt,*
*Kind und Enkel werden singen,*
*Und es singt die ganze Stadt: Wir sind die Sänger …*

*Wenn wir fern dem Weltgetümmel,*
*Schließt uns Petrus auf das Tor,*
*Singen die Engelein im Himmel,*
*Unser Liedchen wir ins Ohr,*
*Doch ist zu die Himmelszelle,*
*Singen Bass und auch Tenor,*
*Selbst dem Teufel sogar in der Hölle*
*Unser Sängerlied wir vor: Wir sind die Sänger …*

*Quelle: Sonderheft, Finsterwalder Heimatkalender 2006*
*– Sängerstadt und Sängerhefte*

*Die kleinen und großen Sänger von Finsterwalde*

*Wasserturm in Finsterwalde*

# Kröbelner Kräuter-Kaninchen

| | |
|---|---|
| 1 Kaninchen | waschen, trocken tupfen, in grobe Stücke teilen, mit |
| Salz, Pfeffer (aus der Mühle) | würzen und in |
| 3 EL Sonnenblumenöl | anbraten. |
| 100 g Bauchspeck | würfeln, dazugeben. |
| 2 Zwiebeln | |
| 3 Knoblauchzehen | schälen und fein hacken, mit |
| frischen Kräutern (Rosmarin, Basilikum, Thymian, Oregano) | belegen und mit |
| 200 ml Weißwein | begießen, 45 Minuten im Backofen bei 180 °C garen. In der Zwischenzeit |
| 1 Stck. Staudensellerie | |
| 1 Bund Frühlingszwiebeln | |
| 200 g braune Champignons | in mundgerechte Stücke schneiden, |
| 200 g Cocktail-Tomaten | halbieren, |
| ½ Bund Rosmarin | waschen, zum Kaninchen geben, 20 Minuten garen. Fleisch herausnehmen, warm stellen und |
| 250 ml Gemüsebrühe | zum Fond geben, aufkochen. Rosmarin entfernen und |
| 1 Bund Petersilie | feingehackt zufügen, mit |
| Salz, Pfeffer (aus der Mühle) | kräftig würzen, in eine große Schüssel geben und obendrauf das Kaninchenfleisch anrichten. |
| Rosmarinnadeln | in wenig |
| Butter | anbraten und über dem Kaninchen verteilen. |

*Von Kerstin Kohlhoff, Möglenz*

*Mit frischem Ciabatta-Brot servieren.*

*Blick auf Werenzhain*

# Die Lichtmännchen von Naundorf

*Von Toni Tanneberger, Naundorf*

Eines Abends ging ein Bauer aus Naundorf durch die Moorwiesen. Er hatte sich verspätet und verließ, um die Strecke abzukürzen, den Feldweg und ging querfeldein. Es war schon dunkel und schwer kam er in dem moorigen Grund vorwärts. Da tauchten plötzlich vor ihm Lichter auf, die hin und her tanzten. Er ging auf sie zu, versank aber dabei mit jedem Schritte mehr in dem weichen Boden. Da fasste ihn die Angst und er rannte blindlings darauf los. Mit einem Male geriet er in einen tiefen Moorgraben, indem er bis an die Schulter versank. Da sah er vor sich kleine Lichtmännchen, welche Flämmchen auf dem Kopfe trugen. Er flehte sie an, ihn aus der Not zu helfen. Das versprachen sie, wenn er ihnen eine Quarkbemme geben wollte. Damit erklärte er sich einverstanden und kam glücklich wieder auf den richtigen Weg.

Als er aber wieder Zuhause war und seine Erlebnisse erzählte, wurde er ausgelacht und verspottet. Sein gegebenes Versprechen hielt er allerdings nicht. Aber er entging der Rache der Lichtmännchen nicht, die ihn einige Zeit später in die Irre führten, dass er dicht beim Dorfe Naundorf in den Mühlgraben stürzte. Er erneuerte sein Versprechen. Die Lichtmännchen drohten ihm, wenn er sie wieder betrüge, würden sie künftig kein Erbarmen mehr mit ihm haben. Der geängstigte Bauer hielt jetzt sein Versprechen und schaffte ihnen die zugesagten Quarkbemmen hin. Seit dieser Zeit ließen sie ihn zufrieden.

*Naturpark Kirchhain*

*Zampern in Reichenhain um 1950*

# Gespickte Lammkeule



| | |
|---|---|
| 1 Lammkeule | vom Fett befreien, waschen und trocken tupfen. |
| 15 kleine Knoblauchzehen | schälen, mit Hilfe eines Messers in die Keule spicken. Mit |
| Salz, Pfeffer (aus der Mühle) | kräftig würzen, in |
| 60 g Margarine | rundherum knusprig anbraten. |
| 2 Zwiebeln, 1 Möhre | |
| ¼ Sellerieknolle | schälen, grob zerkleinern, dazugeben, mitrösten. |
| 3 Tomaten | dazugeben und mit |
| 250 ml Rotwein (trocken) | ablöschen. |
| Je 1 Zweig Rosmarin, Thymian | in den Bräter legen und im Backofen zugedeckt für ca. 2 Stunden bei 160 °C schmoren. Fleisch herausnehmen und ruhen lassen. Soße mit |
| 150 ml Schmand | verrühren und mit |
| Mehl, Stärke | binden, passieren, mit dem geschnittenen Fleisch servieren. |



*Salzkartoffeln und Speckböhnchen (Rezept S. 81) runden das Essen ab.*

*Fuchsjagdgesellschaft bei Lindena*

*Fachwerkkirche in Saathain*

# Lammhüftchen

| | |
|---|---|
| 4 Lammhüften (à 180 g) | mit |
| Salz, Pfeffer (aus der Mühle) | würzen und in |
| 2 EL Sonnenblumenöl | anbraten. |
| 2 Knoblauchzehen | schälen und in Scheiben schneiden, in die Pfanne geben. |
| 2 Zweige Rosmarin | |
| 1 Zweig Thymian | und etwas |
| Estragon | dazugeben und zugedeckt im Backofen bei 100 °C ca. 20 Minuten garen. Den Bratenfond mit einem kräftigen |
| Rotwein | ablöschen und reduzieren. |
| ½ EL Schmand | unterrühren, passieren. Die Hüftchen in 4 Scheiben schneiden und auf Gemüse anrichten, mit dem Bratenfond überziehen |

*Mit Kürbis-Speckböhnchen (Rezept S. 81) und Rosmarinkartoffeln (Rezept S. 55) ein Traum.*

*In Sallgast*

# Karpfenfilet nach Art der Schliebener Winzer

*Traditionell reicht man dazu Apfel-Sahne-Meerrettich (Rezept S. 133), Salzkartoffeln und eine Sahnesoße unter Verwendung des Fischfonds.*

| | |
|---|---|
| 800 ml Wasser | mit |
| 2 Zwiebeln, 1 Möhre | |
| 200 g Sellerie | |
| 2 Lorbeerblätter | |
| 4 Pimentkörner | |
| 1 Prise Zucker | und reichlich |
| Salz | in einem großen, flachen Topf zugedeckt 15 Minuten köcheln lassen. |
| 400 ml Schliebener Wein | |
| 100 ml Spritessig | zufügen und kräftig abschmecken. |
| 1 kg Karpfenfilet | portionieren und in dem Sud ca. 6 Minuten ziehen lassen. |

Reiche Karpfenernte

Abfischen in Thalberg

# Forelle im Schlafrock

| | |
|---|---|
| 4 Forellen (à 350 g) | waschen, mit |
| Zitronensaft | beträufeln und mit |
| Salz | würzen. |
| 100 g Steinpilze | |
| 1 kleine Zwiebel | schälen, hacken, |
| 100 g Porree | in feine Ringe schneiden, |
| 2 Stängel Staudensellerie | in Streifen schneiden. Zutaten vermengen, in die Forellen füllen. Aluminiumfolie mit |
| Margarine | einfetten, die Forellen darauf legen, je Forelle ca. 10 Gramm von |
| 40 g Kräuterbutter | zugeben und Folie fest verschließen. Im Ofen bei 120 °C für 25 Minuten backen. |

*Dazu passen Petersilienkartoffeln.*



# Kröbelner Fisch-Klops

| | |
|---|---|
| 500 g Fischfilet oder Fischreste | waschen, trocken tupfen. |
| 1 Brötchen | einweichen, ausdrücken, |
| 1 große Zwiebel | schälen. Zutaten durch den Fleischwolf drehen. Mit |
| 2 TL Dillspitzen | |
| 1 Ei | vermengen, mit |
| Salz, Pfeffer (aus der Mühle) | würzen. Runde Klöße formen und in |
| Semmelmehl | wenden, in heißem |
| Öl | langsam goldbraun braten. |

*Von Renate Reyentanz, Kröbeln*

*Passt sehr gut zu Kartoffelsalat und kann sowohl kalt als auch warm gegessen werden.*

*Neugierige Blicke*

# Kaffeelachs mit Safransoße

| | |
|---|---|
| 30 g Kaffeebohnen | im Backofen bei 70 °C ca. 30 Minuten rösten, mit |
| 1 EL Pfeffer (schwarz) | |
| 1 EL Piment | im Mörser grob zerstoßen und mit |
| 4 EL Meersalz, 3 EL Zucker | vermengen. |
| 600 g Lachsfilet (ohne Haut und Gräten) | mit der Würzmischung einreiben. Eingewickelt in Frischhaltefolie 12 Stunden im Kühlschrank marinieren lassen. |

*Kann gut auf frischen Salaten angerichtet oder aber auf Toast gegessen werden.*

**Die Soße**

| | |
|---|---|
| 10 Fäden Safran | |
| 1 TL Zitronensaft | |
| 2 EL Mayonnaise | |
| 3 EL Joghurt | mischen und mit |
| Honig | und |
| Cayennepfeffer | abschmecken. Lachsfilet abspülen, trocken tupfen in |
| 2 EL Rapsöl | nur wenige Sekunden von beiden Seiten anbraten. In hauchdünne Scheiben schneiden und mit der Safransoße servieren. |



*Von Dirk Müller, Frankfurt/Oder*

*Eine schöne Kulisse in Seußlitz*

*Päuschen im Kräutergarten Oppelhain*

# Silvester-Karpfen blau

| | |
|---|---|
| 4 l Wasser | |
| 3 Zwiebeln, 2 Möhren | |
| 100 g Petersilienwurzel | |
| 500 g Sellerie | |
| 5 Lorbeerblätter | |
| 8 Pimentkörner | und reichlich |
| Salz | in einem großen Bräter zugedeckt ca. 20 Minuten zu einem Sud köcheln. |
| 400 ml Spritessig (10 %) | zufügen und kräftig abschmecken. |
| 1 Karpfen (ca. 2 kg) | mit |
| 100 ml Essig (warm) | übergießen und in den Fischsud legen. Dabei muss der Karpfen völlig vom Sud bedeckt sein (ca. 25 Minuten darin ziehen lassen). Auf einer großen, vorgewärmten Platte anrichten. |
| 200 g Butter | zerlassen, den Karpfen damit übergießen. |



*Dazu passen Kartoffeln mit zerlassener Butter und Apfel-Sahne-Meerrettich (Rezept S. 133).*

*Traditionelle Karpfenernte*

*Bunter Frühlingsreigen*

# Die Küche der Zisterzienser

*Bürger- und Heimatverein Doberlug-Kirchhain und Umgebung e. V., Herr Schulz*

Gegründet wurde das Kloster in Dobrilugk von einem Sohn des Markgrafen Konrad von Meißen, Dietrich von Landsberg, im Jahre 1165. Durch großzügige Stiftungen wuchs der Besitz des Klosters schnell an. 1234 besaß das Kloster bereits 18 Dörfer und seit 1240 konnte der finanzkräftige Konvent seinen Grundbesitz durch Zukauf erweitern. Das Ende kam mit der Reformation. 1541 besetzte schließlich der sächsische Kurfürst, Johann Friedrich, Dobrilugk, wegen einer Geldforderung an den böhmischen König. Die Mönche verließen das Kloster und der Konvent zerstreute sich. In 1945 wurde Dobrilugk mit Kirchhain zusammengelegt und seitdem gibt es die Schreibweise Doberlug-Kirchhain.

*Schloss Doberlug mit seiner 400jährigen wechselvollen Geschichte*

*Schloss Doberlug von oben*

Was man über die Küchen der Zisterzienser weiß, bleibt lückenhaft. Worauf es ankam, war, dass sie nützlich und praktisch waren. Die Küche lag normalerweise zwischen den beiden Refektorien am westlichen Ende des Nord- oder Südtrakts, also nahe der Vorratslager im Westtrakt. Das Essen wurde durch eine Art schalterähnlicher Durchreiche in der Wand ausgegeben.

Das Amt des Kochs wechselte reihum wöchentlich, wie andere Ämter auch; es begann und endete immer samstags. Mönche und Laienbrüder aßen getrennt, einerseits, weil sie verschiedene Tagesordnungen hatten, andererseits, weil sie als unterschiedliche Gruppen innerhalb der Klostergemeinschaft betrachtet wurden. Das Essen wurde bei den Zisterziensern schweigend eingenommen. Während der Mahlzeiten saß ein Mönch auf einem etwas erhöhten Podest und las aus der Bibel vor.

Täglich mussten wenigstens zwei gekochte Gerichte zubereitet werden. Breie und Suppen hatten vor allem in der einfachen Küche den Vorrang. Breie wurden hauptsächlich als Fastenspeise zu sich genommen und bestanden aus Hafer, Hirse und Salzwasser. Brot gab es als Schwarz- oder Graubrot oder als »schönes« Weizenbrot. Fleisch schloss die Regel des heiligen Benedikt aus, aber Eier, Fisch, Quark, Butter und Käse konnten an einigen Tagen gereicht werden. Bier und Wein durften in bestimmter Menge getrunken werden.



Brot war ein Hauptnahrungsmittel und in den Klosterbacköfen wurde täglich je Person ein Pfundlaib gebacken. Die dienenden Köche, die das Essen zubereiten mussten und den Essensdüften ausgesetzt waren, bekamen eine etwas größere Essensration. Bis zum 14. Jahrhundert erhielten nur kranke Mönche die Erlaubnis, Fleisch zu essen. Es wurde in der Küche des Krankenreviers oder in einer eigenen Fleischküche gekocht. Doch ab dem 14. Jahrhundert wurde das Essen von Fleisch immer mehr zur allgemeinen Gewohnheit.

*Schloss Doberlug*

# Thalberger Forellenfilet

| | |
|---|---|
| 8 Forellenfilets | waschen, trocken tupfen, salzen. |
| 2 EL Butter | im Tiegel schmelzen, |
| 1 Zwiebel | hacken, darin glasig dünsten. Mit |
| 200 ml Muskateller | und etwas |
| Wasser | ablöschen, Filets ca. 3 bis 4 Minuten darin ziehen lassen. |
| 12 Garnelen | ebenfalls im Sud erwärmen. |
| 500 g Spargel | in |
| Salzwasser | bissfest kochen. In der Zwischenzeit |
| 200 ml Sauce Hollandaise | in einem kleinen Topf erwärmen und mit |
| 100 ml Champagner oder Sekt | und |
| 4 EL Schmand | verfeinern. Die Soße auf vorgewärmte Teller verteilen Forellenfilet, Spargel und Garnelen darauf anrichten. Sofort mit Reis servieren. |



*Reis kochen – ganz einfach: Parboiled-Reis in kochendes, gesalzenes Wasser geben, aufkochen lassen, umrühren und zugedeckt 20 Minuten ziehen lassen, abgießen und abspülen.*

*Gewässer im Loben*

*Die Vogelbeere, Drosselbeere, Quitsche oder Eberesche ist ein Laubbaum der Gattung Mehlbeeren*

# Doberluger Kloster-Karpfen

| | |
|---|---|
| 1 kg Karpfenfilet | |
| je 2 Möhren, Stangen Porree, Zwiebeln, Knoblauchzehen | |
| ½ Sellerieknolle | putzen, in gleichmäßige Streifen schneiden. |
| Je 2 Bund Dill, Petersilie | hacken, |
| je 1 EL Estragon, Salbei | |
| je 1 TL Wacholderbeeren, Pfefferkörner | Zutaten vermengen, die Hälfte in einen Topf geben, Karpfenfilets auflegen, mit |
| Salz | würzen und den Rest der Gemüse-Mischung darüber verteilen. |
| 1 Flasche Riesling | angießen und soviel Wasser zufügen, dass die Karpfenfilets bedeckt sind. Alles zum Kochen bringen und 15 Minuten ziehen lassen. Das Fett abschöpfen und die Filets auf Teller anrichten, mit den Gemüsestreifen belegen. |
| 180 g Butter (gebräunt)r | übergießen. |
| 1 unbehandelte Zitrone | waschen, in Scheiben schneiden, darüber verteilen. |

*Reichen Sie dazu Petersilienkartoffeln.*



# Apfel-Sahne-Meerrettich

| | |
|---|---|
| 1 großer Apfel | schälen, Kerngehäuse entfernen, fein reiben und mit |
| Zitronensaft | beträufeln. |
| 150 g süße Sahne | schlagen, mit |
| 50 g Mayonnaise | |
| Salz, Pfeffer (aus der Mühle) | |
| 1 Prise Zucker | vermischen und nach Geschmack mit |
| Meerrettich (frisch gerieben) | abschmecken. |

*Die Zicken von Reichenhain*

# Garnelen mit Espressolinsen

| | |
|---|---|
| 150 g Beluga-Linsen | mit |
| je 1 Lorbeerblatt, Chilischote, Stange Zimt | und |
| Salz | in Wasser bissfest garen, abgießen und Gewürze entfernen. |
| Je 1 Möhre, Stange Porree | putzen und sehr fein würfeln, in |
| 1 EL Rapsöl | anschwitzen und mit |
| 50 ml Espresso | und |
| 150 ml Milch | ablöschen, reduzieren, dann die Linsen zugeben und mit |
| 1 – 2 EL Balsamico-Essig | |
| Salz | abschmecken. |
| 3 EL Olivenöl | im Tiegel erhitzen, |
| 2 Knoblauchzehen | fein hacken. dazugeben und darin |
| 12 Riesengarnelen | von jeder Seite ca. 2 Minuten anbraten. Mit |
| Salz, Pfeffer (aus der Mühle) | würzen und herausnehmen. Im Bratfett |
| 150 g Cocktail-Tomaten | einige Minuten scharf anbraten, mit |
| Meersalz | bestreuen und mit |
| 50 ml Weißwein | ablöschen. |



*Hoher Gehalt an Zink, einem wichtigen Spurenelement für ein starkes Immunsystem.*

*Von Dirk Müller, Frankfurt/Oder*

*Wintereinbruch am Fluss*

*Die fleißigen Hammerfischer*

# Schleienfilet nach Hammermüller Art

| | |
|---|---|
| 300 g Kartoffeln | |
| 200 g feste Zucchini | |
| 1 Zwiebel | schälen, mittelfein reiben. |
| 3 Eier | |
| 100 g Mehl | untermischen, mit |
| Salz, Pfeffer (aus der Mühle) | |
| Estragon, Kümmel (gemahlen) | |
| Ingwer (gerieben) | würzen und gut durchrühren. |
| 1 kg Schleienfilet | portionieren, säubern, salzen, in |
| Mehl | wenden und durch die Masse ziehen. In reichlich |
| Öl | goldbraun backen. |

*Anstelle der Schleie können Sie auch andere Fischfilets verwenden. Filets auf einem Küchentuch abtropfen lassen und mit Apfel-Sahne-Meerrettich (Rezept S. 133) anrichten.*

135

*Am Hammerteich*

*Guter Fang in Doberlug*

# Maasdorfer Fisch-Topf

| | |
|---|---|
| 800 g Hechtfilet | waschen, trocken tupfen, evtl. Gräten entfernen, würfeln und mit dem |
| Saft 1 Zitrone | und einigen Spritzern |
| Worcestersauce | beträufeln, ziehen lassen. In der Zwischenzeit |
| 2 Zwiebeln | schälen, in Würfel schneiden, |
| 1 Salatgurke | schälen, halbieren, entkernen und in 1 cm große Stücke schneiden. |
| 1 Stange Porree | putzen, in Streifen schneiden. Das Gemüse in |
| 4 EL Butter | glasig dünsten, mit |
| ¼ l Weißwein | ablöschen und |
| ½ l Fleischbrühe | auffüllen, mit |
| Salz, Pfeffer (aus der Mühle) | |
| Muskat, 1 Prise Zucker | kräftig abschmecken und zugedeckt ca. 20 Minuten köcheln lassen. |
| 4 Tomaten | brühen, enthäuten, entkernen, vierteln und in Streifen schneiden. Gemeinsam mit den Fischwürfeln in den Topf geben und 5 Minuten gar ziehen lassen. Nochmals nachwürzen und mit |
| Dill (frisch) | garnieren. |



*Für den Fischtopf kann man auch jedes andere Fischfilet verwenden.*

# Kaxdorfer Fisch-Pfanne

| | |
|---|---|
| 500 g Seelachsfilet | waschen, trocken tupfen, mit |
| 2 EL Zitronensaft | beträufeln und mit |
| Salz | würzen. |
| 80 g Bauchspeck | in kleine Streifen schneiden und in |
| 3 EL Sonnenblumenöl | knusprig anbraten, herausnehmen. Fischfilet in |
| Mehl | wenden und im Bratfett ca. 4 Minuten rundherum braten, herausnehmen. |
| 600 g Zucchini | waschen und in Scheiben schneiden, |
| 1 Zwiebel | schälen, würfeln und beides im Bratfett anbraten, mit |
| 1 EL Mehl | bestäuben und kurz anschwitzen. |
| 150 ml süße Sahne | und |
| 200 ml Wasser | auffüllen und 3 Minuten köcheln lassen, mit |
| 1 TL Gemüsebrühpulver | und |
| Salz, Pfeffer (aus der Mühle) | abschmecken, Fisch aufsetzen und erhitzen. |
| ½ Bund Dill | waschen, hacken und mit dem knusprigen Speck darüber verteilen. |

*Von Katrin Erdmann, Herzberg*

*Mit 100 Gramm Schmelzkäse wird die Fischpfanne noch pikanter. Dazu reicht man Reis.*

*Blauer See in Bad Erna*

# Gut essen ist das halbe Leben

*Von Matthias Eichhorn*

Mühlberg, dieses kleine Städtchen direkt an der Elbe, machte im Jahre 2002 deutschlandweit von sich reden. Das Hochwasser der Elbe stand vor den Toren der Stadt und die Einwohner von Mühlberg wurden evakuiert. Es wurden zahlreiche Maßnahmen unternommen, um die Deiche zu verstärken und zu befestigen und so kam es, dass dieses Städtchen von der Flut weitestgehend verschont blieb. Ob das an dem guten Zusammenhalt der Bürger von Mühlberg gelegen hat, kann keiner genau beurteilen. Eines ist auf jeden Fall Tatsache: Zusammenhalt zwischen den Menschen gab es in Mühlberg schon immer. Das machen selbst alte Aufzeichnungen, des damals renommierten Gasthofes »Zum weißen Schwan«, aus dem Jahre 1904 deutlich. Zu gesellschaftlichen Höhepunkten und bei anderen Gelegenheiten versammelte man sich zu einem guten Essen:

Am 18. April 1904 fand das Damen Schützenessen statt. Dafür wurden aufgetischt: Bouillon mit Einlage, Karpfen blau und polnisch, Zungenragout, Roastbeef, Butter, Käse, Vanilleeis und Pfannkuchen. Das gesamte Essen kostete 2,50 Reichsmark. Fürwahr, die Damen konnten gut reinhauen.



Aber im Jahr 1904 gab es weitere kulinarische Treffen, die vom guten Gemeinschaftsleben der Mühlberger zeugen, wie Lehns Hochzeit, das Zuckerfabriks-Essen, Essen des Vereins »Erholung«, Doktoren-Essen, Amtsrichter-Essen oder das Gewerbe-Essen. Das teuerste »Couvert« wurde beim Amtsrichter-Essen aufgetragen. Es kostete ein Vermögen von 5,00 Reichsmark. Das größte Essen tafelte man zum Schützenfest im Juni auf und für 3,00 Reichsmark war man mit dabei.

Am billigsten lebten die Mitglieder des Sportvereins. Für nur 1,00 Reichsmark erhielten sie eine Portion Roastbeef mit Madeirasoße. Im Januar gab es den absoluten Höhepunkt des Jahres, »Kaisers Geburtstag« mit dem Kaiseressen, an dessen Feierlichkeiten die Spitzen der Gesellschaft

*Kirche in Kröbeln*

teilnahmen. Zum Festessen wurden Bouillon mit Blumenkohl, Spargel, Eierstich und Morcheln, Seezunge gebraten, Zungenragout, Truthahn, Käse, Butter und Früchte gereicht. Das Gedeck, auch »Couvert« genannt, kostete damals 2,50 Reichsmark. In heutiger Zeit nennt man dieses Festmahl »Neujahrsempfang« – ob und wie viel jemand dafür bezahlt, kann ich leider nicht beantworten.

*Maasdorfer Teiche*

*Die gute alte Waage – hübsch dekoriert*

# Beschwipster Karpfen

| | |
|---|---|
| 1 Karpfen (2 – 2½ kg) | ausnehmen, säubern und mit |
| Salz, Pfeffer (aus der Mühle) | gut würzen. Eine große Tasse in den Bauch des Fisches geben, den Fisch auf ein gefettetes, tiefes Blech (oder großen Bräter) aufrecht stellen. |
| 3 große Zwiebeln | schälen, in Scheiben schneiden auf und um den Karpfen geben. |
| 200 g Schinkenspeck | in dünne Scheiben schneiden, die Zwiebeln gleichmäßig damit belegen. |
| 150 g Butter | zerteilen und um den Karpfen legen, jetzt eine Tasse von |
| 1 l Weißwein (trocken) | um den Karpfen gießen, bei 180 °C für ca. 40 Minuten in den Backofen. Während dieser Zeit nach und nach den restlichen Wein zum Karpfen geben. |

*Von Familie Petzold, Schraden*



*Dazu passen Petersilienkartoffeln, zerlassene Butter, Apfel-Sahne-Meerrettich (Rezept S. 133) und ein guter Weißwein.*

*Vereinszimmer im Gasthaus »Zum Eichhörnchen«*

*Fischer Hans-Martin Keil*

# Lachsforelle auf Gemüsebett

| | |
|---|---|
| 2 Lachsforellen (à 700 g) | waschen, mit |
| Zitronensaft | |
| Salz, Pfeffer (aus der Mühle) | würzen, 20 Minuten marinieren lassen. |
| Je 100 g rote, grüne, gelbe Paprika | |
| 2 Knoblauchzehen | |
| 1 kleine Zwiebel | |
| je 100 g Möhren, Sellerie | putzen und in kleine Stücke schneiden, mit |
| 3 – 4 TL Gemüsebrühpulver | würzen. Aluminiumfolie mit |
| Margarine | einfetten, kleine Mulden formen, Gemüse in die Forellen füllen, jede auf ein passendes Stück Folie setzen, restliches Gemüse um die Fische verteilen, mit reichlich |
| Butterflocken | belegen und mit |
| 4 EL Petersilie (gehackt) | bestreuen. Jede Forelle mit einer Tasse |
| Weißwein | angießen und mit einem anderen gefetteten Stück Folie fest verschließen. Mit einer Nadel mehrmals oben einstechen und im Backofen bei 180 °C für ca. 40 Minuten garen. Mit dem Gemüse und Petersilienkartoffeln anrichten. |

*Der Gemüsefond kann als Soße gereicht werden.*

*Von Roland Romanowski, Elsterwerda*

*Obstbaumblüte in Döllingen*

# Klemmkuchenrezept nach »Art des Hauses«

| | |
|---|---|
| 400 g Speck | auslassen, mit |
| 2 kg Mehl | |
| 500 g Zucker | |
| 400 g Rosinen | |
| 600 ml süße Sahne | |
| 3 Eier | |
| 1 Prise Salz | Zutaten zu einem festen Teig kneten, danach 10 cm lange Würstchen formen, zwischen die Platten des Klemmkucheneisens pressen und backen. |

*Von Erika Pannhans, Beiersdorf*



# Klemmkuchen – ein traditioneller Gaumenschmaus

*Vom Bauernmuseum Lindena*

Der Ursprung für diesen besonderen Gaumenschmaus liegt weit zurück. Er wurde vornehmlich auf dem Lande um die Lichtmesszeit, aber auch zu besonderen Festlichkeiten, über offenem Feuer zubereitet. Ein vom Dorfschmied eigens angefertigtes Klemmeisen war dafür notwendig. Ein Brauch, der auch in der Niederlausitz verbreitet und doch schon fast in Vergessenheit geraten war.

Für das Wiederaufleben dieser alten »Backkunst« sorgten die Bäuerinnen der Ortsorganisation der VdgB Lugau mit ihrem ersten Klemmkuchenfest, das im Jahr 1985 stattfand. Der Erfolg blieb nicht aus und die Popularität des Klemmkuchens war wieder hergestellt. Ob in Hennersdorf, Frankena, Trebbus, Goßmar, Lindena oder anderen Dörfern, überall wurden alte Klemmkuchenrezepte »hervorgeholt« und so manches, bald in Vergessenheit geratenes Klemmeisen erneut in das Feuer gelegt.

*Bauernmuseum in Lichtena*

So unterschiedlich die Geschmäcker, so unterschiedlich sind die Rezepturen. Aus dieser Fülle heraus möchten wir Sie mit einigen dieser Rezepte – von denen einige auch ein jüngeres Datum tragen – vertraut machen. Dabei gilt der alte Spruch: »Probieren geht über studieren«, was besonders für die Backform zutrifft. Wer kein traditionelles Klemmeisen zur Verfügung hat, der sollte den Versuch mit einem elektrischen Klemm- bzw. Waffeleisen starten. Bei der Zubereitung und beim Ausprobieren nachfolgender Rezepte wünschen wir Ihnen recht viel Erfolg und einen guten Appetit. Diese Rezepte und Tipps wurden in der gesamten Region für Sie gesammelt:

**Altes Rezept im Originaltext aus dem Bauernmuseum Lindena**

*2 Pfund Mehl werden in eine Schüssel gegeben, 1 Pfund Zucker, 2 Eier, 1 Teelöffel gestrichen Salz, 250 Gramm Butter mit 250 Gramm in Würfel geschnittenen, ausgelassenen Speck und ¼ Liter Wasser darunter, kneten den Teig tüchtig durch, tuht ihn zu Würstchen in die Klemmzange, in Feuer hellgelb backen.*

**Rezept von Anna Raspe, Lugau**

*Man nehme: 2 kg Mehl, 1 Pfund Margarine, 1½ Pfund Zucker, ½ Zitrone, 1 Pfund Rosinen, 1 Pfund Speck (ein Tag vorher zerlassen), ½ Flasche Milch, 1 Flasche Rumaroma, 1 Prise Salz.*



*Die Kirche in Lebusa*

**Rezept des VdgB Friedersdorf bei Branitz**
*Man nehme: 4 kg Mehl, 2 kg Zucker, 1 kg Margarine, 2 Pck. Backpulver, 2 Pck. Vanillezucker, Rosinen und Speck.*

**Rezept von Käte Höhne, Goßmar**
*Man nehme: 1 kg Mehl, 500 g Margarine, 100 g Schweinefett, 250 g Zucker, 2 Pck. Vanillezucker, 350 g Rosinen, Milch – daraus einen festen Teig rollen.*

**Rezept aus Mudlagk's Backstube, Lindena**
*Man nehme: 1 kg Mehl, 6 Eier, 250 g Zucker, 2 Pck. Vanillezucker, 1 Pck. Backpulver, 250 g und mehr Rosinen, 150 g Butter, 150 g Fett, 1 l Milch, 1 Prise Salz.*

**Rezept aus Krausen's Backstube, Lindena**
*Man nehme: 2 kg Mehl, 750 g Margarine (zerlassen), 700 g Zucker, 500 g Rosinen, 500 g Speck (zerlassen), ½ l Milch, 1 Flasche Rumaroma, 1 Prise Salz, 1 Pck. Backpulver.*



**Hinweis von Margot Schmidt, Trebbus**
*Wir backen Klemmkuchen auf einem Hörncheneisen. Die Klemmkuchen sind gut, wenn sie eine goldgelbe Farbe haben. Sie werden vom Eisen genommen und sofort zu einer Tüte gerollt. Vor dem Essen werden die Klemmkuchentütchen mit Schlagsahne gefüllt.*

**Rezeptur für das elektrische Eisen**
*Ca. 250 g Margarine zergehen lassen, 300 g Zucker, 4 Eier, 2 Pck. Vanillezucker, Mehl, 2 Flaschen Limonade oder Bier dazugeben. Nur soviel Mehl, dass der Teig noch dünnflüssig ist.*

**Rezept von Lucie Reiche, Lindena (für das elektrische Eisen)**
*Man nehme: 250 g Butter, 375 g Zucker, 3 Eier, 750 g Mehl, ¼ l Milch, 1 Prise Salz.*

**Rezept »ganz besonders knusprig«**
*Man nehme: 250 g Margarine, 300 g Zucker, 5 bis 6 Eier, 1 Pck. Vanillezucker, 1 Prise Salz, 500 g Kartoffelmehl, den Teig 5 Minuten ruhen lassen.*

*Über den Wolken
muss die Freiheit
wohl grenzenlos sein*

# Quark-Klöße

*Mit Zucker und Zimt schmecken Quarkklöße besonders gut.*

| | |
|---|---|
| 500 g Quark | |
| 2 EL Mehl | |
| 2 Eier | |
| 1 Prise Salz | vermengen und mit einem angefeuchteten Löffel in kochendes |
| Salzwasser | geben, langsam ziehen lassen, mit einem Schaumlöffel herausnehmen und mit brauner |
| Butter | übergießen. |

*Von Erika Wiesner, Lausitz*

# Schinken-Knödel



*Servieren Sie dazu eine Kräutersoße.*

| | |
|---|---|
| 100 g Butter | |
| 4 Eier | |
| Salz | schaumig rühren. |
| 250 g Schinkenreste | sehr klein schneiden, untermengen. Nun soviel |
| Semmelmehl | zugeben, bis eine feste Masse entsteht. Kleine Knödel formen und in leicht kochendem |
| Salzwasser | langsam ziehen lassen, bis sie aufsteigen. |

*Von Erika Wiesner, Lausitz*

*Deckenmalerei der Martinskirche*

# Herzberger Beamten-Stippe

| | |
|---|---|
| 150 g Bauchspeck | klein schneiden, |
| 300 g Zwiebeln | schälen, fein hacken, beides in |
| 2 EL Butter | anbraten und mit |
| 1 EL Mehl | eine goldbraune Schwitze zubereiten. Unter ständigem Rühren mit |
| ¼ l Fleischbrühe | und |
| ⅛ l saure Sahne | auffüllen, 10 Minuten köcheln lassen, mit einem Schuss |
| Essig | und |
| Salz, Pfeffer, Muskat | abschmecken, mit |
| Schnittlauchröllchen | garnieren. |

*Zu dieser würzigen Soße reicht man Quetschkartoffeln, die mit Buttermilch und etwas Butter verfeinert werden.*

Döllinger Blütenfest

Moderne Windkraftnutzung

# Schuster-Pfanne

Eignet sich hervorragend zur Resteverwertung. Daher sind auch keine Mengenangaben möglich.

| | |
|---|---|
| Reste von gekochtem Sauerkraut | in eine gefettete Auflaufform geben. |
| Fleisch- oder Wurstreste | schneiden, darüber verteilen. Abschließend mit einer Schicht |
| Kartoffelpüree | überziehen und mit |
| Butterflöckchen, Semmelbrösel | überstreuen, im Ofen für 40 bis 50 Minuten backen, bis sich eine schöne Kruste gebildet hat. |

*Von Gottfried Schönitz, Biehla*

*Geben Sie einen Schuss Weißwein zum Sauerkraut und etwas Muskat ans Kartoffelpüree.*

*Historische Kücheneinrichtung im Bauernmuseum Lindena*

# Speck-Knödel

| | |
|---|---|
| 200 g Bauchspeck | in kleine Würfel schneiden, |
| 100 g Zwiebeln | hacken, beides in einer Pfanne mit |
| 50 g Butter | anbraten. |
| 6 Semmeln (altbacken) | in kleine Würfel schneiden, leicht mitrösten, in eine Schüssel geben. |
| 3 Eier | mit |
| 3/8 l Milch | verrühren, dazugeben. |
| 1 Bund Petersilie | klein hacken, unterrühren und bei Bedarf |
| 1 – 2 EL Mehl | zugeben. Daraus Knödel formen und in kochendem |
| Salzwasser | ca. 10 Minuten ziehen lassen. |

*Von Gottfried Schönitz, Biehla*



*Knödel und Klöße immer in kochendes Wasser geben und danach nur leicht ziehen, aber nicht wieder kochen lassen. Sobald die Klöße nach oben »steigen« noch drei Minuten ziehen lassen, dann sind sie gar.*

*In Lieskau*

# Döllinger Apfeltoast

| | |
|---|---|
| 3 feste Äpfel | schälen und grob raspeln. |
| 3 EL Butter | im Tiegel erhitzen und darin die Äpfel glasig dünsten, mit |
| 1 Prise Zucker | |
| Salz, Pfeffer (aus der Mühle) | würzen und mit |
| ½ Tasse Orangenlikör | ablöschen. |
| 3 Eier | verquirlen, unter die Masse rühren und stocken lassen. |
| 4 Scheiben Toastbrot | toasten, die Apfel-Ei-Masse darauf verteilen, mit |
| 2 EL Semmelmehl | bestreuen, darauf |
| 4 EL Emmentaler (gerieben) | verteilen und im Ofen oder Grill ca. 5 Minuten goldbraun überbacken. |

*Von Gottfried Schönitz, Biehla*

*Köstlich als kleiner Happen zu Bier oder Wein.*



# Wirsing-Nudeln

| | |
|---|---|
| 1 Kopf Wirsing | putzen, in feine Streifen schneiden und in |
| Salzwasser | blanchieren, abgießen. In dem Kochwasser |
| 500 g breite Bandnudeln | al dente kochen. Nudeln mit Wirsing vermischen und zu Braten oder Gulasch reichen. |

*Von Barbara Hackenschmidt, Finsterwalde*

*Mit 150 Gramm Butter vermengt, ergibt es ein vegetarisches Gericht.*

*Naturschutzgebiet »Der Loben« – Birken im Sumpf*

# Früh am Morgen im Nachthemd

*Was es mit dem Klemmkucheneisen auf sich hat, weiß Pfarrer Zahn aus Saxdorf zu berichten:*

Jedes Jahr am 2. Februar wird Lichtmess gefeiert. Dieses Fest gilt als Übergang vom Winter zum Frühling. Zwei alte Bauernregeln besagen:

*»Wenn's Lichtmess stürmt und schneit; ist der Frühling nicht mehr weit.«*
*»Lichtmess im Schnee, Frühling im Klee.«*

Der biblische Hintergrund dieses Kirchenfestes: Maria brachte 40 Tage nach Weihnachten ihr Kind in den Tempel. Im Katholischen verbindet man diesen Tag mit der Weihe der Kerzen. Meist bei der Hochzeit geschenkt, kommen die Klemmeisen an diesem Tag im Jahr zum Einsatz. Klemmkucheneisen wurden meist kunstvoll verziert und mit Monogramm sowie der Jahreszahl versehen. Diesen Brauch gibt es schon viele Jahrhunderte. Als die Bauersfrauen noch häufig schwanger waren, wurde das Klemmkucheneisen als Anti-Fruchtbarkeitsritus angesehen. Dazu gab es den Spruch als Ritus:

*Früh beizeiten*
*im Nachthemd mit der Kerze in der Hand*
*am offenen Feuer gebacken*
*damit der Maulwurf nicht stoßen tut.*

Damit der Maulwurf (Phallussymbol) nicht stoßen tut – also die Frauen nicht so viele Kinder bekommen – gingen sie in der Früh (bevor die Männer wach wurden) mit einem Licht in der Hand ins Waschhaus, um mit der gewaltigen Eisenzange (Kastrationsinstrument) Klemmkuchen zu backen.

Heute werden die Klemmeisen an die nächste Generation vererbt. Auch der Brauch des Klemmens, mit Familienrezepten zum Herstellen des Kuchenteiges, wird weitergegeben. Früher gab es dieses Gebäck nur am 2. Februar. Heute hat sich eine ganze Crêpes-Fangemeinde entwickelt und Klemmkuchen ist das ganze Jahr über zu haben.

*Kirche in Kröbeln*

# Mangold-Rouladen mit Tomatensoße

| | |
|---|---|
| 8 Mangoldblätter | waschen, Strunkansatz herausschneiden. Je 2 Blätter übereinander legen und darauf |
| 8 Scheiben Gouda (jung) | und |
| 12 dünne Scheiben Schinkenspeck | verteilen, vorsichtig zusammenrollen, mit Rouladennadeln feststecken (die äußeren Ränder sollten eingeschlagen werden, damit der Käse nicht herausläuft). In |
| 40 g Butter | bei milder Hitze anbraten. |
| 100 g Tomatenpüree | zugeben, durchbraten und mit |
| 300 ml Tomatensaft | |
| l Fleischbrühe | auffüllen, zugedeckt 10 Minuten schmoren lassen. Mit |
| Salz, Pfeffer (aus der Mühle) | und |
| Zucker | abschmecken, nach dem Anrichten mit |
| Schnittlauchröllchen | bestreuen. |



*Von Petra Wroblewski, Finsterwalde*

*Als Beilage reichen Sie Kartoffelpüree (Rezept S. 57) oder Nudeln.*

*Blütenfest in Döllingen*

# Arme Ritter

| | |
|---|---|
| Kartoffelklöße vom Vortag (Rezept S. 51) | in Scheiben schneiden und mit |
| Butter | in der Pfanne knusprig braten, danach in |
| Zucker | wenden. |

# Hirschfelder Kartoffel-Speckauflauf

| | |
|---|---|
| 1,2 kg Kartoffeln | schälen, reiben, leicht ausdrücken. |
| 1 Zwiebel | fein hacken und mit |
| Salz, Pfeffer, Kümmel (gemahlen) | |
| ½ l Buttermilch | unter die Kartoffeln mischen. |
| 600 g Bauchspeck | klein schneiden und in |
| Fett | leicht anbraten. Die Hälfte des Specks unter die Kartoffelmasse rühren, in eine gefettete Auflaufform geben. Mit dem restlichen Speck bestreuen und im Ofen bei 160 °C goldbraun backen. |

*Wer möchte kann die Kartoffelmasse als Puffer in Leinöl ausbacken.*

*Mühle in Schönewalde bei Herzberg*

# Schäfer-Strudel

| | |
|---|---|
| Je 125 g Quark, Margarine, Mehl | mit |
| 1 Ei, Salz | zu einem Teig verkneten und auf einem Küchentuch ausrollen. |
| 500 g Spinat (frisch) | waschen, klein schneiden und auf dem Teig verteilen. |
| 200 g Schafskäse | |
| 200 g Poltawer | würfeln, auf dem Spinat gleichmäßig verteilen. |
| 250 ml Schmand | mit |
| Pfeffer, Salz, Oregano, Muskat | würzen, verquirlen, über die Zutaten geben. Teig vorsichtig mit Hilfe des Küchentuchs aufrollen, auf ein mit Backpapier ausgelegtes Backblech geben, bei 200 °C backen. |
| 1 Eigelb | verquirlen, sobald der Strudel goldbraun wird, damit betreichen und nochmals 10 Minuten backen. |



*Von Kerstin Johl, Schlieben*

*Poltawer ist eine geräucherte Brühwurst aus grob zerkleinertem Rind- und Schweinefleisch. Ein sommerlicher Hochgenuss, wenn der Strudel mit frischen Wildkräutern angerichtet wird.*

*Der Blaue See*

*Schäfer in der Heide*

# Junggesellen-Pfanne

| | |
|---|---|
| 80 g Bauchspeck | würfeln, |
| 1 große Zwiebel | in halbe Scheiben schneiden und beides in |
| 2 EL Sonnenblumenöl | andünsten. |
| 250 g Jagdwurst | in Würfel schneiden, dazugeben. |
| 12 Knoblauchzehen | schälen, in Scheiben schneiden, dazugeben. |
| 600 g grüne Bohnen | putzen, waschen in 4 cm lange Stücke schneiden, zugeben und mit wenig |
| Wasser | ablöschen. Mit |
| Bohnenkraut, Salz, Pfeffer | würzen und 20 Minuten köcheln lassen. |
| 3 Paar Wiener Würstchen | in Scheiben schneiden, |
| 4 Tomaten | vierteln, dazugeben, aufkochen lassen und vor dem Servieren mit |
| Petersilie (geschnitten) | bestreuen. |



*Von Ilona Stäudner, Herzberg*

*Kanal im Abendlicht*

*Die Sänger von Finsterwalde*

# Eier-Frikassee

| | |
|---|---|
| 6 Eier | hart kochen, abschrecken und schälen. Davon 5 Eier grob hacken, 1 Ei in Scheiben schneiden (zur Garnitur). |
| 1 Zwiebel | schälen, fein hacken und in |
| 30 g Butter | glasig dünsten. |
| 40 g Mehl | darüber stäuben und gut durchschwitzen, mit |
| je ¼ l Gemüsebrühe, Milch | auffüllen. |
| 300 g Spargelstücke | zugeben und 10 Minuten leicht köcheln lassen. Eierstückchen und |
| 1 Dose kleine Champignonköpfe | dazugeben, in der Soße heiß werden lassen. |
| 2 Tomaten | blanchieren, Stielansatz entfernen, würfeln und dazugeben, mit |
| Salz, Pfeffer (aus der Mühle) | und |
| Zitronensaft | abschmecken. In einer Schüssel anrichten und mit den Eierscheiben garnieren. |

*Wildsülze »Spezialität des Hauses«*

# Zwiebel-Stippe

| | |
|---|---|
| 500 g Speck | auslassen, |
| 8 mittlere Zwiebeln | klein schneiden, im Speck anschmoren. |
| 500 g Schmand | mit |
| 1 EL Mehl | verquirlen und in die Stippe einrühren, mit |
| Salz, Pfeffer (aus der Mühle) | abschmecken, mit wenig |
| Wasser | auffüllen und durchkochen lassen. |

*Von Petra Wroblewski, Fensterwalde*

*Ein Schluck Leinöl rundet das Gericht ab. Passt sehr gut zu Pellkartoffeln.*

Schradentracht beim Mühlenfest

Schloss in Sallgast

# Erinnerungen zur Erntemahlzeit

*Erzählt von Willi Tanneberger aus Naundorf;*
*aufgeschrieben von Hans-Dieter Lehmann aus Schlieben*

In der Erntezeit der 20er und 30er Jahre des letzten Jahrhunderts reichte man in dieser Gegend zunächst eine kräftige Suppe mit Eiern, die so genannte »Mähersuppe«. Später gab es ein weiteres Frühstück auf dem Feld. Dafür wurde die große Kiepe gelüftet und ein weißes Leinentuch ausgebreitet. Neben Brot, Butter, Käse und Wurst wurde, zumindest für die Männer, auch ein »Stückchen« aus der Flasche mit dem »Weißen« verabreicht. Außerdem trank man Malzkaffee, entweder aus Roggen – aber besser aus Gerstenkörnern – in der Kaffeetrommel selbst geröstet. Mittags wurde, wenn möglich, zu Hause in der Wirtschaft gegessen. Dieses Essen war deftig und kräftig. Pökelfleisch oder Fleisch aus einem mit Fett gefüllten Steintopf mit Kartoffeln oder Klößen waren besonders beliebt. Am Abend wurden traditionell Pellkartoffeln mit Quark, Leinöl oder Speckgrieben gereicht.

An besonders heißen Tagen wurde zur Erfrischung »Mohnpielen« gegessen – in Streifen geschnittener Nudelteig, heiße Milch, Zucker und geriebener Mohn. Allerdings mussten die »Mohnpielen« einige Stunden vor dem Verzehr im Keller gekühlt werden.



*Familie Heide aus Lausitz*
*zur 800-Jahr-Feier in 2002*

# Saure Eier

| | |
|---|---|
| 50 g Butter | in einem breitem Topf zerlassen. |
| 1 Zwiebel | schälen, fein hacken, darin glasig werden lassen. |
| 50 g Mehl | hinzufügen und bräunen, mit |
| Wasser | auffüllen, zu einer sämigen Soße kochen. |
| 3 Lorbeerblätter, 4 Pfefferkörner, 8 Pimentkörner | zugeben, ca. 20 Minuten köcheln lassen, mit |
| Essig, Zucker | nach Geschmack kräftig würzen. |
| 8 Eier | vorsichtig in die leicht köchelnde Soße schlagen und ca. 8 bis 10 Minuten stocken lassen, nicht umrühren, sondern den Topf ruckartig auf dem Herd drehen. |

*Von Petra Wroblewski, Finsterwalde*



*Wer die Piment- und Pfefferkörner nicht in der Soße haben möchte, gibt sie in ein Tee-Ei, das verschlossen werden kann und danach aus der Soße genommen wird. Dazu gibt es Salzkartoffeln.*

*Mit Zwiebelschalen kann man Ostereiern eine schöne braune Färbung verleihen.*

*Martina Dahley auf der Straußen-Farm*

# Pilzgerichte in Variationen

## Bovistschnitzel

| | |
|---|---|
| Riesenboviste | in 1½ cm dicke Scheiben schneiden und wie Schnitzel in |
| Paniermehl, Ei | panieren und in |
| Pflanzenmargarine | goldgelb braten. |

## Liebenwerdaer Hutschnitzel

| | |
|---|---|
| Hüte vom Riesenschirmpilz | wie Schnitzel in |
| Paniermehl, Ei | panieren und in |
| Fett | im Tiegel braten. |

*Dazu reicht man frisches Brot, Toast oder Kartoffelsalat.*

*Von Olga Lottermoser, Bad Liebenwerda*

*Pilz im Moos*

*Schafherde auf Wanderschaft*

# Falsches Gehirn

| | |
|---|---|
| 300 g Leberwurst | |
| 1 g Zwiebel | im Tiegel kräftig anbraten. |
| 3 Eier | in den Tiegel schlagen und unter ständigem Rühren stocken lassen. |

*Dazu eine Butterbemme mit Salz.*

# Hackepeter selbstgemacht

Hackepeter muss nicht nachgewürzt werden.
Wiegen Sie alle Zutaten daher bitte genau ab.



| | |
|---|---|
| 1 kg Schweineschulter | in Streifen schneiden. Mit |
| 24 g Salz | |
| 3 g Pfeffer | |
| Kümmel (nach Belieben) | vermengen und durch den Fleischwolf drehen, nochmals gut durchkneten. |

*Auf frischem Brot mit Butter, Zwiebel und Spreewälder Gewürzgurke genießen. Wenn man den Hackepeter zu Buletten verarbeiten will, muss man das Salz auf 20 Gramm und Pfeffer auf 2 Gramm reduzieren.*

*Winterlandschaft bei Röderland*

# Griebenfett

| | |
|---|---|
| 500 g grünen Speck | durch den Wolf drehen oder in ganz kleine Stücke schneiden, in einem breiten Topf erhitzen und umrühren bis es zu bräunen beginnt. |
| 1 Zwiebel, 1 Apfel | schälen, klein schneiden, in das Fett geben, mit |
| Thymian, Majoran, Oregano | |
| Salz | würzen, etwas abkühlen lassen und in einen Tontopf füllen, abkühlen lassen. |

*Je brauner die Fettgrieben sind, um so knuspriger werden sie. Mit frischem Brot genießen.*

# Versteckte Wurst



Zur Zeit der Schlachtfeste wurde eine luftgetrocknete, leicht angeräucherte Knackwurst zur Kaffeezeit in eine Tonschüssel gelegt, mit einem Teller abgedeckt und in die Ofenröhre des Kachelofens gestellt. Zum Abendbrot war die Wurst auf diese Weise gesotten und saftig. Eine Köstlichkeit!

*Von Gottfried Schönitz, Biehla*

# Vom Brauch des Schlachtens

*Erinnerungen von Horst Eichhorn, aufgeschrieben von Matthias Eichhorn*

Vom Brauch des Schlachtens, der in unserer Gegend einen sehr hohen Stellenwert einnahm, hat mir mein Vater sehr oft erzählt. Als Fleischer zog er in den Wintermonaten von Hof zu Hof, um die Speisekammern der Bauern zu füllen. Schweine, Ziegen und auch Schafe mussten ihr Leben lassen, um gutes Fleisch und noch bessere Wurst in die Vorratskammern zu bringen.

Das Schlachten begann um 6:00 Uhr morgens. Der Fleischer fuhr mit dem Fahrrad zum Bauern, einen Rucksack dabei, in dem sich scharfe Messer, ein Beil, der Schussapparat, Bindfaden, Wurstspeiler, Fülltrichter, Fleischwolf und Kratzglocken befanden. Oben schaute das Krummholz heraus, mit dessen Hilfe das Schwein an der Schlachtleiter aufgehängt wurde.



»Rauscht die Sau nicht? Ist der Schlachtschein da und kocht der Kessel?«, fragte der Fleischer und schon ging es los. Das Schwein, das im Schnitt 200 Kilogramm wog, wurde ruhig aus dem Stall geführt. Nach alter Tradition wurde es geschossen, dann gestochen. Das Blut fing man auf, es musste sofort gerührt werden, damit es nicht gerinnt. Der Schlachtkörper wurde dann im Brühtrog gebrüht, mit den Glocken entborstet und auf einer Leiter sauber abgespült. Hing das Schwein endlich auf der Leiter, hieß es für die Helfer: »Ist das Schwein erst aufgehängt, wird gleich einer eingeschenkt.«

Einen guten Fleischer erkannte man daran, dass er den ersten Alkohol erst nach dem Abschmecken der Wurst zu sich nahm. Die Respektsperson, der Trichinenbeschauer, kam aus dem Nachbarort und als Kinder durften wir dann durch das Mikroskop sehen. Meist war alles in Ordnung und das Schwein

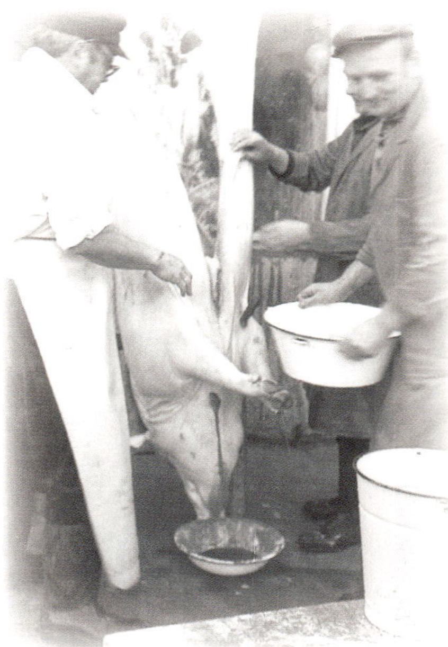

*Horst Eichhorn mit seinen Helfern*

*Schlachtefest in Stolzenhain 1940*

bekam einen Stempel. Jetzt konnte es grob zerlegt werden – das Fleisch kam gleich in den Kessel. Danach ging es zum wohlverdienten Frühstück. Frisches Hirn vom Schwein mit Zwiebeln, Schweinefilet und ein Butterbrot dazu – ein Göttermahl.

Im Anschluss wurden die Därme gesäubert und zur Füllung vorbereitet. Die Keulen wurden zu Schinken geschnitten und mit Knochen und Speck später gepökelt. Zum Mittag wurde dann Wellfleisch, Schweineschnauze, Nierchen und Herz aufgetischt, natürlich mit frischem Sauerkraut und Bauernbrot.

Traditionell wurden dann Blut-, Leber- und Grützewurst, Presskopf und Hackepeter hergestellt, aber auch frische Bratwurst und Schlackwurst standen auf der Tagesordnung. Einen Teil der Wurst füllte man in Därme, den Rest kochte man in Gläser ein. Nachdem die Wurst im großen Kessel fertig gebrüht war, wurde die Wurstbrühe mit einer Grützewurst zu den Nachbarn und Bekannten geschafft.

Da nach dem Krieg viele schlesische Umsiedler hier ansässig waren, mussten die Fleischer so manch andere Wurst herstellen, wie Semmelsäckchen und Semmelleberwurst. Zu dieser Zeit gab es noch keine Kühlschränke. Die Wurst wurde durch Räuchern haltbar gemacht und der Hackepeter ganz fest in Tontöpfe gedrückt, mit flüssigem Schweineschmalz übergossen, und so hielt er sich mehrere Wochen. Ich glaube, die von der »Hygiene« hätten heute ihre wahre Freude daran.



Die Kinder hatten sehr viel Spaß, wenn das Schweineschwänzchen (Berzel), mit Hilfe einer Sicherheitsnadel, den Schlachtfesthelfern heimlich hinten angehangen wurde. Zu DDR-Zeiten gab es dann keine Berzel mehr, denn diese wurden »coupiert«. Zur Tradition wurde dann mancherorts das so genannte »Brigadeschlachtfest«, für Betriebe aus der Umgebung. Ein großer Teil des Schweins wurde gemeinsam im Lokal verzehrt und ein schönes großes »Wurstpaket« für jeden ging auf die Reise in den heimischen Kühlschrank.

Mein Vater sagte damals immer: »Für ein Schwein bezahlt man 1.200 Mark und der Fleischer wird mit 50 Mark abgespeist.« Trotzdem hat er seinen Beruf gern gemacht und so manchen Kniff und Trick an mich weitergegeben. Denn wenn unsere sächsische Verwandtschaft zum Schlachtfest kommt, heißt es: »Die Wurscht schmeckt wie von Onkel Horscht!« Auch heutzutage ist Hausschlachten nicht ganz aus der Mode gekommen. Einige, meist nebenberufliche Hausschlächter walten noch ihres Amtes.

*Ist das Schwein erst aufgehängt, wird gleich einer eingeschenkt – Schlachtefest 1980*

# Faschiertes Schnitzel

Das Rezept stammt aus den 70er Jahren, als das so genannte »Edelfleisch« knapp war.

| | |
|---|---|
| 500 g Hackepeter (Rezept S. 160) | zu einem Laib kneten und leicht anfrieren lassen. Daraus Scheiben in Form eines Schnitzels schneiden. |
| 1 Ei | schlagen, Schnitzel darin wenden, nun in |
| Semmelmehl | wenden und leicht anklopfen. Danach in |
| Bratfett | braten. |

*Von Rolf Günther Kirsch, Bad Liebenwerda*

*Dazu reicht man Mischgemüse und Salzkartoffeln.*

*Wurstspezialitäten aus dem »Eichhörnchen« in Reichenhain*

*Siedlung Domsdorf um 1930*

# Kraut-Klöße mit Rippchen

*Ein kräftiges Essen für die kältere Jahreszeit. Schwarzbrot passt sehr gut dazu.*

| | |
|---|---|
| 1,2 kg frische Rippchen | in |
| 50 g Fett | anbraten. |
| 3 Knoblauchzehen | und |
| 1 Zwiebel | dazugeben mit |
| Salz, Pfeffer (aus der Mühle) | würzen, mit |
| Wasser | aufgießen und solange schmoren lassen, bis sich die Knochen lösen. Knochen herausschieben, Brühe aufbewahren und Fleisch grob zerteilen, zur Seite stellen. |
| 1 Weißkohlkopf | Strunk einschneiden und bedeckt in Wasser kochen, die abgelösten Blätter entnehmen. |
| 2 große Zwiebeln | schälen, würfeln, |
| 300 g Bauchspeck | würfeln und beides in |
| 1 EL Schmalz | glasig dünsten. |
| 10 Kartoffeln | reiben, ausdrücken und mit |
| 500 g Mehl, 70 g Grieß | |
| 2 Eier | |
| 1 TL Salz | vermengen, in die Zwiebel-Speck-Masse rühren. In einen großen Topf einige |
| Speckschwarten | legen, darauf die äußeren Kohlblätter als Unterlage geben. |
| | Je abgelöstes Kohlblatt 1 bis 2 Esslöffel Kartoffelmasse geben und von allen Seiten einschlagen. Krautklöße und Fleisch schichtweise in den Topf geben. Dabei ca. 5 cm zum Topfrand frei lassen. Mit der Fleischbrühe und evtl. Kohlwasser auffüllen. Die oberen Krautklöße müssen nicht bedeckt sein, kurz aufkochen lassen und 60 Minuten ziehen lassen. Auf tiefen Tellern mit Fleischbrühe anrichten. |
| 300 g Bauchspeck | würfeln, |
| 2 Zwiebeln | in halbe Scheiben schneiden, beides in |
| 2 EL Fett | knusprig anbraten und auf die angerichteten Klöße geben. |

*Von Isolde Kramer, Herzberg*

*Kirche in Schönborn*

# Rosmarin-Fleisch

| | |
|---|---|
| 1 l Wasser | mit |
| 1 Tasse Kräuteressig | |
| 1 Bund Rosmarin | |
| Salz | |
| 2 Lorbeerblätter | |
| je 3 Wacholderbeeren, Pfeffer- und Pimentkörner | zum Kochen bringen. |
| 1 Bund Suppengrün | waschen, dazugeben. |
| 4 Scheiben Schweinebauch (à 300 g) | dazugeben und ca. 20 Minuten sieden lassen, herausnehmen und erkalten lassen, mit |
| Salz, Pfeffer (aus der Mühle) | würzen. |
| ½ Tasse Sonnenblumenöl | mit |
| 2 EL Rosmarinnadeln | vermischen und den Schweinebauch damit bestreichen. In der Pfanne scharf anbraten und häufig mit dem Rosmarinöl bestreichen. |

*Reichen Sie dazu frisches Brot.*



*Von Roland Romanowski, Elsterwerda*

*Oldtimer – meine dritte große Liebe*

# Grützwurst mit Pellkartoffeln

Traditionell kommt in unserer Region nach dem Schlachtfest Grützwurst mit Sauerkraut und Pellkartoffeln auf den Tisch. Die Grützefülle wird im Tiegel ordentlich durchgebraten und unter Zugabe von etwas Wasser saftiger gemacht. In einer großen Schüssel kommt das Essen auf den Tisch und jeder nimmt sich davon, soviel er mag. In vielen Haushalten wird zusätzlich noch Butter und frische Leberwurst (kalt) gereicht. Grützwurst passt auch sehr gut zu Kartoffelpüree (Rezept S. 57).

# Des Fleischers erstes Frühstück

Eine ganz besondere Spezialität zum Schlachtfest.

| | |
|---|---|
| Schweinefilet | vom frisch geschlachteten Schwein parieren, in kleine Würfel schneiden und in |
| Margarine | anbraten. |
| Zwiebeln | schälen, klein hacken, dazugeben und leicht bräunen. |
| Frisches Hirn | waschen, von der äußeren Haut befreien, klein hacken, dazugeben und gut durchbraten, mit |
| Salz, Pfeffer (aus der Mühle) | würzen. |

*Wenn viele Helfer am Tisch sitzen, kann man auch noch 2 bis 3 Eier unter die Masse rühren und stocken lassen. Dazu gibt es Butterbrot und eine Tasse Kaffee.*

*In der Klosterkirche Doberlug*

# Grödener Bergkäserolle

| | |
|---|---|
| 2 Eier | kochen, pellen. |
| 1 mittlere Gewürzgurke | |
| 100 g Salami | |
| 1 kleine Zwiebel | |
| je ½ rote, gelbe Paprika | |
| je 20 g Petersilie, Schnittlauch | Zutaten klein schneiden. |
| 200 g Landbutter | schmelzen lassen, Zutaten zugeben und mit |
| 100 g Schmelzkäse (Salamigeschmack) | verrühren. |
| 300 g Gouda | in einem Folienbeutel im Wasserbad erhitzen. Zwischen 2 Alufolien ausrollen, die vorbereitete Masse darauf verteilen und aufrollen, in Alufolie gewickelt 24 Stunden im Kühlschrank durchziehen lassen. |



*Von Katja Kunath, Gröden*

*Blick auf Schloss Uebigau*

*Ein Wanderer mit 98 Kubikzentimeter – Baujahr 1936*

# Spitzwegerich-Sirup

| | |
|---|---|
| 500 g frische Spitzwegerichblätter | ca. 30 Minuten in |
| 1 ½ l Wasser | kochen, anschließend abseihen, den Sud mit |
| 1 ½ kg Zucker | solange kochen, bis er dickflüssig ist, in saubere Flaschen füllen und verschließen. |

*Von Ilona Stäudner, Herzberg*

*Ein gutes Mittel gegen Husten: wie Hustensaft löffelweise einnehmen.*

# Feiner Bierteig

| | |
|---|---|
| 3 Eier | trennen und die Eigelbe mit |
| 250 g Mehl | |
| ¼ l Bier (hell) | |
| 1 EL Kirschwasser | |
| 1 EL Öl | |
| 1 Prise Salz | glatt rühren und 2 Stunden ruhen lassen. Nun das Eiweiß steif schlagen und unterheben. |

*Eignet sich hervorragend für Apfelringe, Fisch, Zwiebelringe und alles, was Sie sonst noch ausbacken wollen.*

*Landschaft wie von Gott gemacht – Sonne die vom Himmel lacht*

# Zwiebel-Saft – ein altes Hausmittel

| | |
|---|---|
| 500 g Zwiebeln | schälen, ganz fein schneiden und in eine Schüssel geben. |
| 200 g Zucker | zugeben und zugedeckt über Nacht bei Zimmertemperatur stehen lassen. Jede ½ Stunde mit einem Teelöffel den entstandenen Saft einnehmen. |

*Ein wirksames Hausmittel bei Husten.*

# Not macht erfinderisch

*Von Matthias Eichhorn*



Im vergangenen Jahrhundert, als zwei große Kriege in Deutschland große Trauer und vor allem große Not hinterließen, waren die Menschen in unserer Region immer bestrebt, Traditionen weiter zu pflegen und das Gemeinschaftsleben zu festigen und zu vertiefen. So galt es, alte Bräuche, wie Weiber- und Männerfastnacht, Maskenball und Zampern am Leben zu erhalten. Meist wurden diese traditionellen Feierlichkeiten in den Dorfkneipen, die das »Kulturelle Zentrum« des Dorfes waren, abgehalten. Obwohl in dieser Zeit Nahrungsmittel und vor allem alkoholische Getränke knapp waren, fanden sich immer wieder Gelegenheiten, um zu feiern oder einfach mal zusammenzusitzen. Erfinderisch wurden die Leute dann beim Kaffee, denn ein »Schälchen Heesen« gab es immer und überall, und wenn es mal keine Kaffeebohnen gab, griff man auf den alten guten »Zichorien* Kaffee« zurück. So wurde mancher »Muggefuck« oder auch »Blümchenkaffee« getrunken und ein herzhaftes Stück Blechkuchen dazu

*Zahlreiche Rad- und Wanderwege laden zum Erkunden ein – Gänsewinkel in Prieschka*

gegessen. Einige Traditionen sind bis heute erhalten, andere dagegen haben sich der Neuzeit ergeben. So auch »Gott sei Dank« der Zichorien-Kaffee.

Ein französischer Cichorien-Kaffee wird vom Sächsischen Gewerbe-Blatt für Landwirtschaft, Gewerbe und Handel aus dem Jahre 1836 beschrieben.

*»Folgendes ist die Bereitung eines Zichorienkaffees, welche für die genannten Fabrikanten zu Paris patentiert wurde: Zu 6 kg Product hat man zu nehmen: 15 kg Roggen, dieser wird geröstet und vor der völligen Vollendung des Röstens mit 50 g feinen Honig und ½ Deziliter Cognac angemacht. 15 kg Runkelrüben werden mit 1 kg Honig und ½ Deziliter Cognac abgemacht und geröstet. 15 kg Zichorien werden mit 50 Dekagramm Honig, ½ Deziliter Cognac angemacht und geröstet. 5 kg geschälter Kakao werden mit 25 Dekagramm Honig gemischt und geröstet. Ebenso verfährt man mit 5 kg Kaffee und 75 Dekagramm Honig. Das Ganze wird gemischt und gesiebt. Statt des Cognac kann man jede Art von Weinbrand, statt des Honigs jede Zuckerart nehmen, der letztere dient dazu, um dem Kaffee Farbe zu geben.«*



* Zichorie, Gemeine Wegwarte, verarbeitet wurde die Wurzel

*Quelle: »Der Bomätscher«, Nr. 24, 1988, Verein für Heimatkunde der Stadt Mühlberg (Hrsg.)*

*Schloss in Mühlberg*

*Bächlein so lieb an des Hügels Hang, Dir möcht' ich lauschen mein Leben lang*

# Gräfendorfer Porree-Eier

| | |
|---|---|
| 4 Eier | hart kochen, pellen, halbieren, warm stellen. |
| 500 g Porree | putzen, waschen, klein schneiden, 1 Esslöffel Porree zur Seite legen (Dekoration), den Rest in |
| 50 g Butter | andünsten, mit |
| 300 ml Gemüsebrühe (Rezept S. 29) | auffüllen und 5 Minuten dünsten, Porree herausnehmen. |
| 30 g Mehl | mit |
| ⅛ l süße Sahne | verrühren und die Brühe damit binden, gut durchkochen lassen. Mit |
| Salz, Pfeffer (aus der Mühle) | |
| Zitronensaft | abschmecken, Porree wieder hinzufügen, erhitzen und mit den Eiern anrichten. |
| 150 g rohen, mageren Schinken | in feine Streifen schneiden und über dem Porree verteilen, die Eier mit dem rohen Porree dekorieren. |



*Von Ilona Städner, Herzberg*

*Dazu Salzkartoffeln und frischen Tomatensalat servieren.*

*Erntezeit mit dem RS 09 in Dabern*

# Kaffee-Essenz

| | |
|---|---|
| 200 ml starken Espresso | mit |
| 1 Chilischote | |
| 2 EL Zucker | und dem Abrieb von |
| 1 Orangenschale (unbehandelt) | sowie |
| 2 EL Balsamico-Essig | in einem weiten Topf zu Sirup kochen, passieren und in verschließbare Flaschen füllen. |

*Von Dirk Müller, Frankfurt/Oder*

*Eignet sich hervorragend zum Verfeinern von Soßen, Dressings und Desserts.*



# Roter Schoko-Kuss

| | |
|---|---|
| 1 kg Schattenmorellen | waschen und entsteinen, mit |
| 500 g Gelierzucker (2:1) | und |
| 2 EL Zitronensaft | mischen, leicht zerdrücken, 2 Stunden ziehen lassen, gelegentlich umrühren. Masse zum Kochen bringen und unter ständigem Rühren ca. 4 Minuten kochen lassen, vom Herd nehmen. |
| 150 g Zartbitterschokolade | raspeln und unterrühren, sofort in saubere Gläser füllen, verschließen und für 3 Minuten auf den Kopf stellen. |

*Von Hans Jürgen Deutschmann, Döllingen*

*Eine Marmelade der besonderen Art.*

*Ingeborg Eichhorn bei ihre Facharbeiterprüfung im Jahr 1966*

# Apfel-Auflauf

| | |
|---|---|
| 4 Eier | |
| 250 g Zucker | schaumig rühren, den Abrieb von |
| 1 Zitrone | und den Saft dazugeben. |
| 250 g Mehl | |
| ½ Pck. Backpulver | unterrühren. |
| 800 g Äpfel | schälen, entkernen und achteln, in eine eingefettete Auflaufform schichten und mit dem Teig begießen. Im vorgeheiztem Backofen bei mittlerer Hitze goldbraun backen. |

*Von Marlis Ahrendt, Lausitz*

*Kann kalt oder warm gegessen werden.*



# Apfelmus-Schaumspeise

| | |
|---|---|
| 20 g Gelatine | in |
| 200 ml Apfelsaft | auflösen. |
| 300 g Apfelmus | |
| 5 g Vanillezucker | |
| 25 g Zucker | und den |
| Saft 1 Zitrone | zugeben. Kurz vor dem Stocken |
| 3 Eiweiß | steif schlagen, unterheben, in Schälchen abfüllen, stocken lassen und stürzen. |

*Nach Belieben mit Vanillesoße oder mit Erdbeersoße (Rezept S. 178) übergießen.*

*Baumschnittseminar am Niederlausitzer Apfeltag im Pomologischen Schau- und Lehrgarten Döllingen*

# Reichenhainer Apfeltraum

| | |
|---|---|
| 200 ml Apfelsaft | mit |
| 50 g Rosinen | aufkochen. |
| 1 kg Äpfel | schälen, in Spalten schneiden, darin blanchieren, herausnehmen. |
| 100 ml Eierlikör (Rezept S. 213) | dazugeben, mit |
| Zucker, Zimt | abschmecken, mit |
| Vanillepudding | und |
| Stärke | binden. Apfelspalten in der Soße erhitzen. |

*Passt heiß hervorragend zu Vanilleeis.*

*Torsten Hügel und meine Wenigkeit beim Schaukochen auf den Döllinger Apfeltagen*

*Äppelmoid für die Streuobstregion Hohenleipisch-Döllingen*

# Bierdeckel – kleine heimatgeschichtliche Dokumente

*Von Mario Radtke, Finsterwalde*

Die Zeiten, in denen man sein Trinkgefäß mit dem Untersetzer abdeckte, sind längst vorbei und trotzdem hat sich die Bezeichnung »Bierdeckel« bis heute erhalten. Doch kaum einer bezeichnet die Pappscheibe als »Bieruntersetzer«. In Anlehnung an die Zeit, als der Bieruntersetzer noch aus Filz bestand, ist im süddeutschen Raum »Bierfilz« der gebräuchlichste Name. Hauptzweck des Bierdeckels ist es, das Kondenswasser, welches sich durch die warme Umgebungsluft an der Außenseite des kalten Bierglases bildet, aufzusaugen und den überlaufenden Schaum aufzunehmen. Außerdem ist der Bierdeckel ein beliebtes Sammelobjekt. Bierdeckel sind gleichermaßen auch heimatgeschichtliche Dokumente.



Bis Ende des 19. Jahrhunderts waren Filze der einzige Rohstoff zur Bierdeckelherstellung. Ihre Form war meist quadratisch. Ab 1880 begann die Kartonagenfabrik und Druckerei Friedrich Horn in Buckau (bei Magdeburg), Bierdeckel aus Pappe auszustanzen und zu bedrucken. Unter dem Patent 68499 von 1892 stellte die Dresdner Firma Robert Sputh einlagige Holzfilzplatten her, die sich wegen ihrer Saugfähigkeit auch als Bierdeckel eigneten. Im Jahr 1903 begann Casimir Otto Katz im baden-württembergischen Murgtal, die bis heute gebräuchlichen Bierdeckel industriell herzustellen. Als Rohstoff diente frisches Fichtenholz. Die gepressten Pappplatten wurden bedruckt, dabei durfte die Farbe weder saugfähig noch alkoholempfindlich sein.

Bis 1920 wurden die Deckel meist nur einfarbig bedruckt, da sie von Hand unter die Druckpresse gelegt wurden. Danach tauchten immer häufiger Bierdeckel in Vierfarbdruck auf. Bis in den sechziger Jahren des 20. Jahrhunderts wurden in Deutschland Bierdeckel aus mehrlagiger Pappe hergestellt. Heute gibt es eine vielfache Formenwahl beim Bierdeckel – von Dreiecken, Sternen, Apfelformen bis Länderkarten. Zwischen 1930 und 1960 wurde mit dem Biertellerautomaten gearbeitet.

*Sänger-Bräu aus Finsterwalde, gegründet 1848*

Auch die Finsterwalder Brauereien hatten Bierdeckel. Der älteste, der mir bekannt ist, stammt von der Brauerei Riebeck-Kiesel-Haberland. Die Vorderseite des Deckels ist geschmückt mit der Riebeckgranate, die Rückseite ist mit sechs Sängern der Stadt Finsterwalde gestaltet. Ein anderer Bierdeckel stammt aus der Zeit von 1939 bis 1951 von der Stadtbrauerei Haberland und Wolter. Das Motiv auf der Vorderseite ist der Schriftzug »Sängerbräu – Stadtbrauerei – Finsterwalde«, die Rückseite zeigt das Finsterwalder Schloss. Aus DDR-Zeiten ist in meinem Archiv ein Bierdeckel mit dem LOGO »trinkt Stadtbräu rein – voll – bekömmlich VEB (K) Stadtbrauerei Finsterwalde« vorhanden. Diese Brauerei existierte von 1952 bis zur endgültigen Schließung 1963.

Etliche Jahre vergingen, bis Bernhard Radigk (IV.) die Idee hatte, in Finsterwalde wieder Bier zu brauen. Der Bau der Gasthausbrennerei wurde in rekordverdächtiger Zeit von nur fünf Monaten und neun Tagen abgeschlossen. Bereits am 12.12.1997 fand die Eröffnung statt. Damit hatte Finsterwalde nach 34 Jahren wieder eine neue Brauerei und einen neuen Bierdeckel, der sicherlich in keiner Sammlung fehlen darf. Der Deckel ist quadratisch, die Ecken sind abgerundet. Das Motiv zeigt unseren Bernhard mit Bierkrug und Bierkessel.



*Quelle: Sonderheft, Finsterwalder Heimatkalender 2006 – Sängerstadt und Sängerhefte*

# Radigks Bier-Puffer

| | |
|---|---|
| ½ l Bier (hell) | mit |
| 250 g Mehl | |
| 4 Eier | |
| 1 Prise Salz | verquirlen. |
| 2 Äpfel | schälen, in Streifen schneiden und in den Teig einarbeiten. Von diesem Teig in |
| Schmalz | kleine Puffer von beiden Seiten hellbraun backen, mit |
| Zucker | bestreuen und warm servieren. |

*Von Gottfried Schönitz, Biehla*

*Das Finsterwalder Schloss auf dem Bierdeckel*

# Frische Erdbeer-Soße

| | |
|---|---|
| Frische oder gefrostete Erdbeeren | pürieren und nach Belieben mit |
| Zucker | abschmecken. |

*Von Steffi Nicklisch, Elsterwerda*

*Sie können auch andere Früchte verwenden.*

# Waffeln aus Großmutters Zeiten



| | |
|---|---|
| 6 Eier | trennen, die Eigelbe mit |
| 400 ml saure Sahne oder Schmand | |
| 200 g Zucker | |
| Abrieb 1 Zitronenschale | |
| 20 ml Rum | und |
| 250 g Mehl | verrühren. Eiweiß steif schlagen, darunter heben und die Waffeln abbacken (ohne den Teig ruhen zu lassen). Waffeln mit |
| Puderzucker | bestreuen. |

*Von Steffi Nicklisch, Elsterwerda*

*Obstbaumblüte*

# Elsterwerdaer Buttermilchcreme

| | |
|---|---|
| 4 Blatt Gelatine | einweichen. |
| ¼ l Milch | |
| Saft 1 Zitrone | |
| 150 ml Buttermilch | und |
| 50 g Puderzucker | verquirlen. |
| 350 g Quark | mit dem Schneebesen unterschlagen. Die Gelatine mit der Flüssigkeit bei kleiner Hitze schmelzen, zu der Quarkmischung geben. |
| 200 ml süße Sahne | aufschlagen bis die Spitzen stehen bleiben, vorsichtig unter die Masse heben, sofort in Förmchen füllen. Ca. 3 Stunden im Kühlschrank kühlen, danach anrichten. |

*Dazu reichen Sie Fruchtsoße* *(Rezepte S. 178 und 185).*

*Reizvolle Landschaft in Grochwitz*

*Alte Postsäule*

# Oma Ellas Zitronen-Speise

| | |
|---|---|
| 4 große Eier | trennen, das Eigelb mit |
| 100 g Zucker | und dem Abrieb von |
| ½ Zitrone | solange verrühren bis sich der Zucker gelöst hat. |
| 7 EL Zitronensaft | unterrühren. |
| 10 g Gelatine | in |
| 2 EL Wasser | einweichen und auf ca. 50 °C erhitzen. Eiweiß steif schlagen und unter die Eigelb-Zucker-Masse heben. Nun die Gelatine tropfenweise mit dem Schneebesen zügig unter die Masse rühren (nicht schlagen). Die Zitronenspeise in Gläser oder Schüsseln füllen und fest werden lassen. Abschließend nach Belieben mit |
| Sahne | garnieren. |

*Beim Schlagen von Eiweiß und Schlagsahne beginnt man mit der kleinsten Stufe des Handrührgerätes und erhöht die Stufen nach ca. einer Minute. Dadurch entstehen nicht so große Luftblasen in der Masse und sie bleibt stabiler.*
*Beim Abrieb von Zitronenschale darauf achten, dass keine weißen Bestandteile der Schale abgerieben werden, da diese bitter schmecken.*

*Im Salonwagen durch das Elbe-Elster-Land*

*Der Frühling erwacht*

# Mohrenkopf-Speise

| | |
|---|---|
| 6 Eigelb | und |
| 75 g Zucker | schaumig rühren, |
| 4 cl Cremelikör | dazugeben. |
| 500 ml süße Sahne | steif schlagen. |
| 15 g Gelatine | in |
| 2 EL Wasser | aufquellen lassen und auf 50 °C erhitzen. Tröpfchenweise in die Ei-Zucker-Masse geben, danach die Schlagsahne unterziehen und kalt stellen. Mit dem Löffel Nocken ausstechen und auf einem Teller anrichten. Mit reichlich |
| Schokostreusel | bestreuen. |

*Von Doris Kramer, Wiederau*

*Je nach Geschmack kann man auch anderen Likör verwenden.*



# Kürbiskompott (DDR-Ananas)

| | |
|---|---|
| 1 kg Kürbis | ohne Schale und Kernfleisch, in gleichgroße Würfel schneiden. |
| Schale ½ Zitrone | abreiben, in |
| ½ l Wasser | mit |
| 12 EL Spritessig (10%) | |
| 250 g Zucker | |
| 3 Nelken, 1 Zimtstange | |
| 1 Prise Ingwerpulver | aufkochen, den Kürbis hineingeben, auf kleiner Flamme garen bis er glasig ist. |

*Das Kürbiskompott kann auch eingekocht werden – noch heiß in Gläser füllen und bei 80 °C ca. zehn Minuten sterilisieren.*

*Hier wird Stockbrot gebacken*

# Götter, Helden und historische Gestalten

Unsere Niederlausitzer Heimat ist, wie jede andere Region auch, gekennzeichnet von speziellen Heimatsagen. In diesen Sagen spiegelt sich ein ursprünglicher, tief verwurzelter Glaube der Bevölkerung wider. Diese alten Glaubensvorstellungen haben ihren Ursprung bei den verschiedenen Völkerschaften, die einstmals unsere Gegend besiedelten.

*Abbildungen des Gottes Flinz*

Da gibt es z. B. im Raum Sallgast – Zürchel – Dollenchen die Sagen von der »Wilden Jagd«. Ihren Ursprung hat dieser Sagenbereich in der Zeit vor mehr als 1.500 Jahren, als Germanen noch in unserer Gegend lebten. Als im 7. Jahrhundert die Slawen in unser Gebiet einwanderten, wurden dann natürlich an von ihnen ausgesuchten Stellen ihre Götter verehrt. Zu den Westslawen zählen auch die Polen, Sorben, Tschechen, Slowaken und die in die Niederlausitz eingewanderten Lusizi, Selpoli, Zara, Nice. In Richtung Bad Liebenwerda siedelten die Mezumroki.



Aus der Slawenzeit hat sich speziell bei uns in der Niederlausitz und in anderen Gebieten auch folgende Erinnerung an slawische Gottheiten erhalten. Dem Gott Flinz* (Flyns) zu Ehren wurde ein flaches Gebäck aus Buchweizenmehl, die so genannten Flinze oder Plinze, gereicht.

*Flinz (Plinz) Gott des Todes, Totenerwecker und Gott des Reichtums, der Händler und Diebe

*Quelle: Finsterwalder Heimatkalender 2007, Verein der Freunde zur Förderung der Heimatschrift (Hrsg.), Manfred Rothe*

*Herbstdekoration...*
*und der Holzmichel lebt immer noch...*

# Plinsen-Gerichte

Wenn im Herbst die Tage kürzer werden und das Wetter immer schlechter wird, sagt man bei uns: »Es ist Plinsenwetter«. Und so werden immer wieder neue Plinsengerichte auf den Tisch gebracht. Sie sind schnell zubereitet und können auch am nächsten Tag wieder aufgewärmt werden.

## Hefeplinsen

25 g Hefe in
½ l Milch (lauwarm) auflösen.
50 g Butter schmelzen. Zutaten mit
375 g Mehl
4 Eier
1 Prise Salz verrühren und ½ Stunde zugedeckt an einem warmen Ort gehen lassen. Nun werden in einem Tiegel Messerrückendicke Plinsen gebacken und übereinander auf einem Teller gestapelt.



## Eierplinsen

*Mit Zucker und Zimt, Apfelmus oder Heidelbeerkompott – einfach herrlich.*

5 Eier
300 ml Milch
500 g Mehl
1 Prise Salz
½ Pck. Backpulver zu einem glatten Teig verrühren. Tiegel mit
Speckschwarte oder Öl einreiben und mit der Schöpfkelle portionsweise Teig hineingeben und von beiden Seiten goldgelb abbacken. Wer sich traut, wendet in der Luft.

## Buttermilchplinsen

500 ml Buttermilch
250 g Mehl
3 Eier
1 Prise Salz zu einem glatten Teig verrühren und im gefetteten Tiegel Plinsen goldgelb backen.

*Von Katja Kunath, Gröden*

*Eine Einladung zur Spazierfahrt*

# Holunder-Küchle

| | |
|---|---|
| 8 Holunderblütendolden | mit kaltem Wasser gründlich abspülen und abtrocknen lassen. Aus |
| 200 g Mehl | |
| ¼ l Milch, 6 Eier | |
| 1 Prise Salz | einen dicklichen Teig herstellen, Holunderblütendolden durchziehen, im heißen |
| Fett | schwimmend ausbacken. Je 2 Dolden auf einem Teller anrichten und mit reichlich |
| Puderzucker | überstreuen. |

*Von Kerstin Kohlhoff, Möglenz*

*Wer es etwas würziger mag, gibt zum Puderzucker noch etwas Zimt dazu.*

Schlosspark Stechau

Winterzauber in Neuburxdorf

# Beeren-Auflauf

| | |
|---|---|
| 150 g Butter | |
| je 75 g Zucker, Mehl | |
| 1 Ei | |
| 2 EL Haferflocken | |
| 1 TL Backpulver | |
| 2 EL Mandelblättchen | zu einem Teig verarbeiten. Eine Auflaufform mit |
| Margarine | einfetten und mit |
| 25 g Zucker | ausstreuen, darin |
| 1 kg Beerenfrüchte | verteilen und den Teig darauf geben. Im Ofen ca. 15 bis 20 Minuten bei 180 °C backen und nach Geschmack mit |
| Puderzucker | bestreuen, warm servieren. |

*Von Katrin Erdmann, Herzberg*



> *Die Mandeln zuvor ohne Fett rösten, verbessert das Aroma. Dazu empfehle ich Vanilleeis.*

# Pflaumen-Sößchen »frei Schnauze«

| | |
|---|---|
| 3 EL Honig | karamellisieren, mit |
| Johannisbeer-Nektar | ablöschen, kleine |
| Pflaumenstückchen | unterrühren, evtl. mit |
| Puddingpulver | andicken. |

*Schweinfurther Teiche*

# Schradener Kartoffel-Brot

| | |
|---|---|
| 400 g Kartoffeln (mehlig kochend) | schälen, waschen, abtropfen lassen und reiben, mit |
| 100 ml Wasser (kochend) | überbrühen. |
| 400 g Mehl | mit |
| 1 Pck. Trockenhefe | |
| Salz | vermischen und |
| 1 Ei | zugeben. Zu einem Teig verkneten und 30 Minuten zugedeckt an einem warmen Ort gehen lassen. |

Backofen auf 225 °C vorheizen, mit bemehlten Händen Teig auf einer bemehlten Arbeitsfläche nochmals durchkneten, zu einem Brotlaib formen und auf ein mit Backpapier ausgelegtes Blech setzen.

Brot in den Ofen schieben, ein Schuss Wasser in den Ofen gießen und Tür sofort schließen, 20 Minuten bei 225 °C backen. Dann Temperatur auf 200 °C herunterschalten und weitere 30 Minuten backen.



*Wenn man mit dem Fingerknöchel auf den Boden des Brotlaibes klopft und es sich hohl anhört, ist das Brot durchgebacken.*

*Backtag in Rückersdorf*

# Schliebener Rotkäppchen-Torte

| | |
|---|---|
| 100 g Margarine | |
| 3 Eier | |
| 150 g Zucker, 200 g Mehl | |
| 2 TL Backpulver | zu einem Teig verarbeiten. Die Hälfte in eine gefettete Springform geben. |
| 2 EL Nuss-Nougat-Creme | und etwas |
| Milch | mit der anderen Hälfte des Teiges verrühren und auf den hellen Teig geben. |
| 1 Glas Sauerkirschen (abgetropft) | auf dem dunklen Teig verteilen und etwas andrücken. Im vorgehetzten Ofen bei 175 °C ca. 60 Minuten backen, auskühlen lassen. |
| 500 g Quark | |
| 100 g Zucker | |
| 2 Pck. Vanillezucker | |
| 500 ml süße Sahne | |
| 3 Pck. Sahnesteif | Zutaten verrühren. Um den Tortenboden einen Tortenrand legen und die Masse einfüllen. |
| 1 Pck. roten Tortenguss | nach Vorschrift mit dem Kirschsaft kochen und über die Quarkmasse gießen. |

*Von Elke Becker, Schlieben*

# Mürbeteig

*Der Teig wird besonders gut, wenn er einen Tag vor dem Ausrollen hergestellt wird.*

| | |
|---|---|
| 250 g Mehl | |
| 100 g Zucker | |
| 1 Ei | |
| 1 Prise Salz | |
| ½ Pck. Backpulver | |
| 125 g Butter | zu einem Teig verarbeiten und ausrollen. Danach nach Belieben weiterverarbeiten. |

# Eine Heimat für alte Obstsorten

*Andrea Opitz, Elsterwerda*

Im Frühling zur Obstbaumblüte verwandelt sich die Region Döllingen – Hohenleipisch in ein weißrosa Blütenmeer. Hier finden wir Brandenburgs größte Streuobstregion. Die Streuobstwiesen sind eine durch langjährige bäuerliche Tradition entstandene Kulturlandschaft, in der Obstbäume auf Äckern oder Wiesen wachsen. Hunderte alte Obstsorten gibt es. Allein die Apfel-, Birnen- und Kirschenvielfalt ist überwältigend. Dazu kommt noch das Obst, das im Schatten der Hauptsorten steht. Hand auf's Herz – wann haben Sie das letzte Mal eine Mirabelle gegessen oder die steinharten Quitten zu leckerem Gelee verkocht?

In ausgeräumten Agrarlandschaften sind Streuobstwiesen nur noch selten zu finden. Die Obstbäume stehen im Weg, wenn der Bauer mit dem Traktor seine Runden drehen muss. Früher wurde der Acker unter den Bäumen mit dem Pferd gepflügt oder Schafherden hielten die Wiesen kurz. In der Region Döllingen – Hohenleipisch gab es einst über 300 Hektar dieser Streuobstwiesen, Kleinerzeuger bewirtschafteten sie im Nebenerwerb. Nach 1990 brach der staatlich subventionierte Obstanbau der DDR zusammen. Das Obst aus anderen Ländern verdrängte die heimischen Sorten. In großen Obstbauzentren wurden Tausende von Bäumen gerodet.



Die Streuobstwiesen um Döllingen – Hohenleipisch wurden nicht gerodet, sondern einfach vernachlässigt. Es fanden sich Partner, die die Anlagen wieder in Ordnung brachten. Heute sind in der Region wieder rund 100 Hektar mit über 4.000 alten und über 4.000 neu gepflanzten Obstbäumen in Nutzung. Das Obst wird vorwiegend zu Saft oder Obstler verarbeitet. Auch werden alte Apfelsorten, z. B. Boskoop oder Gravensteiner, als Frischkost verkauft. Hier kann man den »richtigen Apfelgeschmack« wieder kennen lernen.

Ein Kleinod ganz besonderer Art ist der neu angelegte Pomologische Schau- und Lehrgarten in Döllingen. Auf einer Fläche von drei Hektar werden 400 alte Obstsorten gezeigt, die gesamte Palette über Kernobst, Steinobst, nussartige Obstsorten bis zum fast vergessenen Beiobst, wie dem Speierling. Die Entwicklung der Obstbäume von ihrer Wildform bis zu den neuesten Züchtungen kann man verfolgen und ebenso verschiedene Wuchs- und

*Von den Streuobstwiesen der Region Döllingen – Hohenleipisch*

Kronenformen betrachten. Nicht jeder Obstbaum einer Art blüht um die gleiche Zeit, einen Blühkalender der besonderen Art kann man hier erleben. Seit einigen Jahren ist der »Niederlausitzer Apfeltag« eine Tradition. Dieser findet jedes Jahr im September im »Pomo-Garten«, wie er liebvoll von Eingeweihten genannt wird, statt.

## Döllinger Apfelkuchen

**Zutaten für den Teig:** *500 g Mehl, 100 g Zucker, 80 g Margarine, Salz, 1 Pck. Vanillinzucker oder abgeriebene Zitronenschale, knapp ¼ l Milch, 30 g Hefe*

**Zutaten für den Belag:** *½ l Milch, 4 EL Zucker, 1 Pck. Puddingpulver Vanille, 2 kg Äpfel (Boskoop), Rosinen, ¼ l saure Sahne, 2 Eier, Zucker*

**Zubereitung:** *Man bereitet den Hefeteig, rollt ihn auf einem gefetteten Blech aus, drückt einen Rand an und lässt den Teig nochmals gehen. Aus Milch, Zucker und Puddingpulver wird ein Pudding gekocht. Ein Teil davon wird dünn auf den Teig gestrichen. Die geschälten Äpfel muss man vom Kernhaus befreien, in Schnitzel schneiden, diese dicht auf den Teig legen und mit Rosinen bestreuen. Den restlichen Pudding nun mit der sauren Sahne und den Eiern verquirlen und über die Äpfel geben. Den Kuchen bei 200 °C etwa 60 Minuten backen und dann mit Zucker bestreuen.*

*Apfeltag in Döllingen*

*Niederlausitzer Apfeltag in der Streuobstgemeinde Döllingen*

# Finsterwalder Sägespäne-Kuchen

| | |
|---|---|
| 150 g Mehl | |
| 50 g Speisestärke | |
| 4 TL Backpulver | |
| 15 g Kakao | |
| ½ Tasse Milch | zu einem Teig verarbeiten und auf ein mit Backpapier belegtes Blech geben. Ca. 20 Minuten bei 180 °C backen. |
| Butter-Creme (Rezept S. 191) | auf den erkalteten Boden streichen. |
| 75 g Butter | im Tiegel schmelzen lassen, darin |
| 200 g Kokosraspeln | |
| 100 g Zucker | goldgelb karamellisieren, dabei ständig rühren, abkühlen lassen. Auf die Buttercreme streuen und leicht andrücken. |

*Von Isolde Kramer, Herzberg*

*Dieser Kuchen hält sich mehrere Tage. Ein guter Kaffee ist zu diesem Kuchen ein »Muss«.*



*Das Glück dieser Erde liegt auf dem Rücken der Pferde (Stollenreiten in Dollenchen)*

# Reichenhainer Feuerwehr-Kuchen

| | |
|---|---|
| Mürbeteig (Rezept S. 187) | herstellen. |
| 1 Glas Sauerkirschen | abtropfen lassen, ¼ Liter Kirschsaft mit |
| 1 Pck. Vanillepudding | zu Pudding kochen. Die Kirschen unter den Pudding heben und auf dem Mürbeteig glatt streichen. |
| Je 75 g Butter, Zucker, Mehl, Nüsse (gehackt) | mit |
| 1 Pck. Vanillezucker | |
| 1 Prise Zimt | zu Streuseln verarbeiten und auf der Kirschmasse verteilen. Bei 175 °C ca. 45 Minuten backen. |
| 500 ml Sahne | steif schlagen und in Flocken auf dem abgekühlten Kuchen verteilen. Danach mit gesiebtem |
| Schokopulver | bestreuen. |

*Von Klaus Rokitte, Feuerwehrhauptmann in Reichenhain*



# Butter-Creme

| | |
|---|---|
| ½ l Milch | mit |
| 75 g Zucker | |
| 1 Pck. Vanillepudding | kochen und abkühlen lassen. |
| 200 g Butter (Zimmertemperatur) | schaumig rühren und löffelweise in den Pudding geben. |

*Von Isolde Kramer, Herzberg*

*Das Elsterschloss-Gymnasium in Elsterwerda*

# Wainsdorfer Apfel-Strudel

| | |
|---|---|
| 2,2 kg feste Äpfel | schälen, sehr grob raspeln, mit |
| 4 cl Rum | |
| 100 g Rosinen, 200 g Zucker | vermengen, zur Seite stellen. |
| 500 g Mehl, 200 g Zucker | und |
| 25 g Backpulver | in einer Schüssel vermischen. |
| 250 g Butter | zerlassen, dazugeben. |
| 2 Eier | unterkneten bis eine Kugel entsteht, diese teilen. Eine Hälfte auf einem bemehlten Küchentuch ausrollen. Die Apfel-Füllung abgießen, die Hälfte davon mittig auf dem Teig verteilen. Mit Hilfe des Küchentuches eine Längsseite des Teiges über die Apfelfüllung schlagen. Dann die kurzen Teigseiten und zum Schluss die andere Längsseite umschlagen. Den Strudel mit Hilfe des Küchentuches vorsichtig auf ein gefettetes Backblech geben. |
| 1 Ei | verrühren, den Strudel damit bestreichen. Den Vorgang mit der anderen Hälfte der Zutaten wiederholen. Im Backofen bei 200 °C ca. 60 Minuten backen und nach dem Abkühlen mit reichlich |
| Puderzucker | bestreuen. |

*Von Maik Hänßgen, Wainsdorf*

*Dazu passt sehr gut Vanilleeis oder warme Vanillesoße.*

*Hammerteich bei Doberlug*

*Gartenportal des Schlosses Stechau*

# Merzdorfer Zwiebel-Kuchen

| | |
|---|---|
| 160 ml Milch | erwärmen und darin |
| 20 g frische Hefe | auflösen. |
| 150 g Mehl | mit |
| Salz | mischen, in eine Schüssel geben und eine kleine Mulde eindrücken. Hefemilch in die Mulde gießen, kurz stehen lassen, zu einem glatten Teig rühren und dann kneten. Zugedeckt an einem warmen Ort ca. 30 Minuten gehen lassen. |
| 125 g geräucherten Speck | in kleine Würfel schneiden und in einer großen Pfanne auslassen. |
| 1 kg Zwiebeln | pellen, grob hacken, dazugeben und goldgelb dünsten. |
| 2 Eier | mit |
| 125 ml süße Sahne | und |
| ½ TL Kümmel (gemahlen) | verquirlen, unter die Zwiebel-Speck-Mischung rühren, etwas abkühlen lassen. Ein Backblech mit |
| Margarine | fetten, den Teig auf das Backblech geben, auf Backblechgröße ausrollen, mit einer Gabel mehrmals einstechen und zugedeckt nochmals 10 Minuten ruhen lassen. Zwiebelmischung auf den Teig streichen und ca. 35 bis 40 Minuten bei 180 °C backen. Warm servieren. |



*Ein Federweißer aus Meißen darf dazu natürlich nicht fehlen.*

*Der Herbst von seiner schönsten Seite*

# Der Bäckermeister und sein Handwerk

*Vom Stadtmuseum Mühlberg*

Das Bäckerhandwerk fand man bereits im 14. Jahrhundert neben den Fleischern, den Schneidern und den Schuhmachern in allen Städten. In Unterlagen der Stadt Mühlberg werden für das Jahr 1457 sieben Bäcker angegeben, in 1862 waren zwölf Bäcker tätig. Schon seit Beginn dieses traditionellen Handwerks galt es für Bäcker, bestimmte Vorschriften zu beachten, wie z. B. zum Preis und Gewicht der Backware sowie zur Aufnahme von Lehrlingen. Als Backtage wurden im Jahr 1587 Dienstag, Donnerstag und Sonnabend festgelegt. Alte Semmeln mussten sonnabends »drei Stück für einen Pfennig« verkauft werden.

*Bäckermeister in Mühlberg*

*Bäckerladen in Mühlberg*

In den alten Akten der Bäckerinnung aus dem 18. Jahrhundert werden bereits strenge Richtlinien vorgeben. Die Lehrzeit zum Bäckergesellen betrug zwei Jahre. Ein Geselle, der in einem Ort Meister werden wollte, musste zuvor zwei Jahre in der Fremde gearbeitet haben. Bei seiner Prüfung hatte er den Beisitzern Geld für Essen und Trinken zu geben. Gab ein Meister sein Handwerk auf oder verließ die Stadt, sollte er bei Rückkehr und Wiederaufnahme seiner Arbeit wie ein Fremder behandelt werden. Bei Niederlassung eines fremden Meisters in einem Ort, musste dieser durch Geburtsbriefe nachweisen, dass er und seine Frau ehelich geboren sind.

Im 19. Jahrhundert hofften die Bäckermeister, dass einzelne Bestimmungen aufgehoben würden. Als besonders veraltet sahen sie die Verpflichtung an, ihre Waren schon morgens 5:00 Uhr anzubieten. Nach einer Beschwerde an den Rat der Stadt Mühlberg, verfügte der Landrat, dass die Läden im Sommer um 6:00 Uhr und im Winter um 7:00 Uhr zu öffnen seien. Aus einer Verordnung von 1900 geht außerdem hervor, dass die Verkaufsstellen von 9.00 Uhr abends bis 5.00 Uhr morgens für den geschäftlichen Verkehr geschlossen sein müssen. Den Verkäuferinnen ist eine ununterbrochene Ruhezeit von mindestens zehn Stunden zu gewähren.



# Naundorfer Eierlikör-Kuchen

| | |
|---|---|
| 5 Eier | trennen, das Eiweiß steif schlagen. Eigelb mit |
| je 250 g Butter, Zucker | schaumig rühren. Nun |
| 250 g Mehl | |
| 1 Pck. Backpulver | |
| 50 g Nüsse (gerieben) | |
| 100 g Schokoraspeln | |
| 2 Tassen Eierlikör (Rezept S. 213) | dazugeben, gründlich miteinander vermengen und danach den Eischnee unterheben. Eine Springform mit |
| Margarine | ausstreichen, mit |
| Semmelmehl | bestreuen, die Masse einfüllen und bei 180 °C ca. 45 Minuten backen. |

*Natur lädt zum Verweilen ein*

# Plessaer Bergmanns-Plätzchen

| | |
|---|---|
| 350 g Mehl | in eine Rührschüssel sieben, mit |
| 130 g Margarine | |
| 1 Prise Salz | |
| 1 Ei | etwas |
| Backpulver | und |
| 100 ml Weißwein | zu einem Teig verarbeiten. Ein Brett mit Mehl bestäuben, Teig darauf ausrollen und runde Plätzchen ausstechen. |
| 200 g Bauchspeck | |
| 50 g Zwiebeln | in kleine Würfel schneiden, in |
| 20 g Margarine | anschwitzen. Diese Masse zwischen zwei Plätzchen streichen, andrücken und nochmals ausstechen. Auf ein gefettetes Blech legen. |
| 1 Ei | verquirlen, Plätzchen damit bestreichen. Im Ofen bei 180 °C goldgelb backen |



*Die Plätzchen passen sehr gut zu einem kräftigen Bier aus Radigks Brauerei.*

Hainwiese in Sonnewalde

In Friedersdorf

# Hohenleipischer Kirschmichel

| | |
|---|---|
| | Eine Glasauflaufform mit |
| Butter | ausreiben und mit |
| Semmelmehl | bestreuen. |
| 60 g Butter | |
| je 125 g Zucker, Mehl | |
| 1 Pck. Vanillezucker | |
| 2 Eier | |
| 150 g Grieß | |
| ½ Pck. Backpulver | und |
| 200 ml Milch | zu einem Teig verarbeiten. |
| 500 g Sauerkirschen | entsteinen, unterheben, in die Auflaufform geben und mit reichlich |
| Semmelmehl | bestreuen. Obenauf große |
| Butterflocken | verteilen und bei 160 °C ca. 60 Minuten backen (Stäbchenprobe). Warm servieren. |

*Imkertradition beim Blütenfest in Döllingen*

*Zutaten für den Kirschmichel*

# Donnerwetter-Kuchen

| | |
|---|---|
| 3 Eier, 150 g Zucker | |
| 200 g Nüsse (gemahlen) | |
| 1 TL Backpulver | zu einem Teig verarbeiten und in einer gefetteten Springform ca. 20 bis 25 Minuten bei 170 °C backen. Abkühlen lassen, einen Tortenring umlegen. |
| 2 Bananen | in Scheiben schneiden und mit |
| Zitronensaft | beträufeln, auf den gebackenen Boden legen. |
| 1 Glas Sauerkirschen | abtropfen lassen, mit dem Saft |
| 1 Pck. Vanillepudding | kochen, Kirschen unterheben und auf den Bananen verteilen, glatt streichen. |
| 500 ml süße Sahne | steif schlagen und |
| 4 cl Eier-Likör (Rezept S. 213) | unterheben, wellenförmig auf den Kirschen verteilen und mit |
| Schokoflocken | garnieren. |



*Von Elke Becker, Schlieben*

*»Donnerwetter« in Warenbrück*

*Atme tief den Sommer ein*
*– denke, was kann schöner sein*

# Quarkkeulchen

| | |
|---|---|
| 1 kg Kartoffeln (mehlig kochend) | als Pellkartoffel kochen, pellen und heiß durchdrücken, abkühlen lassen. Mit |
| 300 g Quark, 200 g Mehl | |
| 1 Pck. Vanillezucker | |
| 3 EL Zucker, 1 Prise Salz | |
| 1 Ei, 50 g Rosinen | und dem Abrieb von |
| ½ Zitrone | zu einem Teig verarbeiten. Kleine Bällchen formen, breit drücken, in |
| Mehl | wenden und in heißem |
| Sonnenblumenöl | schwimmend goldgelb braten, herausnehmen und in |
| Zucker | wälzen. |

*Von Ilse Dietrich, Möglenz*



# Biehlaer Butter-Plätzchen

| | |
|---|---|
| 250 g weiche Butter | cremig schlagen. |
| 130 g Zucker | zufügen, vermengen. |
| 1 Eiweiß | |
| 1 Pck. Vanillezucker | und |
| 1 Prise Salz | zufügen. |
| 350 g Mehl (gesiebt) | nach und nach unterkneten, 2 Stunden kalt stellen, dünn ausrollen, ausstechen und auf einem Blech mit Backpapier bei 200 °C ca. 8 Minuten backen. |

*Von Gottfried Schönitz, Biehla*

*Korn im Wind*

# Ein Tag bei Bäckermeister Herberg

Die Tradition des Bäckerhandwerks der Familie Lehmann lässt sich in Mühlberg bis ins Jahr 1731 zurückverfolgen. Lieselotte Herberg, geb. Lehmann, übernahm mit ihrem Mann Richard das Geschäft ihres Vaters im Jahr 1956.

Der Tag beginnt...
...Um 1:00 Uhr klingelt der Wecker, und somit darf Bäckermeister Herberg der Mühlberger sein, der als erster sein Tageswerk beginnen muss. Zuerst wird der Ofen geheizt, drei Tonnen Kohle werden in jedem Monat verfeuert und bis auf die Urlaubszeit geht der Ofen nie aus. Dann geht es ran an den Teig oder besser gesagt an die Teige, denn es gibt u. a. Sauerteig, Kuchenteig, Brötchenteig und Schneckenteig. Die Zutaten sind bereits am Abend vorher abgewogen worden, jetzt tritt der »Eiserne Geselle«, der Schnellkneter in Aktion, denn die Zeit, da der Bäcker an der Beute stand und den Teig mit der Hand knetete, ist auch in einem Handwerksbetrieb vorbei.



Zwischen 2:00 und 2:30 Uhr erhält der Meister Verstärkung und jetzt herrscht Hochbetrieb. Vom Maschinenpark tritt die Brötchenwirk- und Teilmaschine in Aktion. Ein Teigklumpen, ausreichend für 30 kleine Brötchen, kommt auf eine Platte, wird zerschnitten und durch Rotation geformt. Immerhin verlassen pro Tag 4.000 bis 5.000 Brötchen die Backstube. In der Bäckerei steht ein zweiherdiger Backofen. Ein Herd fasst 600 Brötchen, nach einer Viertelstunde Backzeit kommen sie aus dem Ofen. Ist die benötigte Menge fertig, geht es an den Kuchen.

Um 5:30 Uhr kommt dann Frau Günzel, die Verkäuferin. Nachdem die Großkunden abgefertigt sind, wird um 6:00 Uhr der Laden geöffnet...doch kehren wir zurück in die Backstube. Gegen 9:00 Uhr ist das erste Brot fertig und nun hätte der Meister, wenn er einen Achtstundentag einhalten würde, eigentlich Feierabend, aber weit gefehlt. Um 10:00 Uhr hat Frau Günzel Feierabend und geht nach Hause. Frau Herberg übernimmt nun die Arbeit im Laden, und der Meister macht allein weiter. Bis zwischen 14:00 und 16:00 Uhr wird Brot gebacken. Der fertige Teig wird in die Brotwirkmaschine gegeben, und die Brote kommen aufs Gramm genau abgewogen und bereits geformt heraus und brauchen nur noch in den Ofen geschoben werden. Und hier gibt es das so genannte Band, das auf einen Schlag 60 Brötchen oder 12 Brote in den Ofen befördert.

*In der Oppelhainer Mühle*

Während das Brot bäckt, gibt es immer mal ein paar Minuten Zeit, aber da es zum Ausruhen zu wenig sind, bestimmen jetzt die kürzeren Arbeitsprozesse den Tätigkeitsbereich. Das Dauergebäck wird zubereitet, die Vorbereitungen für den nächsten Tag werden getroffen usw. usf. Soweit also der gewöhnliche Tagesablauf des Bäckermeisters Herberg und seiner fleißigen Helfer.

Großreinemachen beschließt die Arbeitswoche. Während die letzte Backofenwärme noch einmal für Dauergebäck genutzt wird, scheuert Frau Herberg alles und so zwischen 16:00 und 17:00 Uhr ist dann Feierabend. Wer denkt, dass sich der Meister nun zum Schlafen hinlegt oder gemütlich in den Sessel setzt, der irrt, denn jetzt geht er seinem Hobby nach, dem Garten.

*Auszugsweise entnommen aus »Der Bomätscher«, Nr. 5 – 1978, Text: Der Bäcker, von Herbert Müller, Verein für Heimatkunde der Stadt Mühlberg (Hrsg.)*

*Besuch der Mühle Rückersdorf*

*Elstermühle in Plessa*

# Lonis Apfeltaschen

| | |
|---|---|
| Je 500 g Mehl, Quark, Margarine | |
| 1 Prise Salz | zu einem falschen Blätterteig verarbeiten und über Nacht abgedeckt kalt stellen. Am nächsten Tag |
| 1 kg Äpfel | schälen, Kerngehäuse entfernen und in Spalten schneiden. |
| | Teig auf einer bemehlten Arbeitsfläche dünn ausrollen und in Quadrate schneiden, Apfelspalten jeweils in die Mitte legen, die Ecken übereinander schlagen und die unteren Ecken festdrücken, damit keine Flüssigkeit auslaufen kann. Auf ein gefettetes Backblech geben und bei 160 °C im vorgewärmten Backofen ca. 15 bis 20 Minuten backen. Herausnehmen und mit reichlich |
| Puderzucker | bestreuen. |



*Von Ilse Dietrich, Möglenz*

*Warm schmecken die Apfeltaschen am besten. Für die Füllung können Sie auch Pflaumen oder Marmelade verwenden. Der Teig hält sich im Kühlschrank ca. eine Woche und kann auch eingefroren werden.*

*Bald ist Erntezeit!*

*Die Grube Gotthold*

# Sylvis Schokoli

| | |
|---|---|
| 250 g weiche Butter oder Margarine | in eine hohe Schüssel geben. |
| 100 g Puderzucker | |
| 1 Pck. Vanillezucker | |
| je 1 gestr. TL Zimt, Kardamom | |
| 30 g Kakao, 25 g Mehl | und |
| 250 g Speisestärke | zugeben, mit dem Mixer durchrühren (anfangs langsam, danach auf höchster Stufe). Nochmals |
| 50 g Mehl | zufügen und mit der Hand durchkneten. Rollen (2 cm Ø) ausrollen und in 1 cm dicke Scheiben schneiden. |
| Haselnüsse | jeweils eine Nuss in die Mitte drücken und gleichgroße Kugeln formen. Auf einem bemehlten Blech ca. 10 bis 20 Minuten (abhängig von der Größe) bei 180 °C backen. Sobald die Kugeln aufplatzen, sofort herausnehmen. |

*Wenn die Schokoli fertig sind, am besten schnell verstecken, sonst sind gleich alle weg.*

Schloss Doberlug

# Eier-Grog (für 1 Glas)

| | |
|---|---|
| 1 Eigelb | mit |
| 1 EL Zucker | schaumig rühren, in ein Grogglas füllen, dazu |
| 4 cl Rum (54 %) | geben und mit heißem |
| Wasser | auffüllen. |

*Ralf Grützbach, Rastede*

*Beim Herstellen von Heißgetränken sollten Sie Tassen und Gläser vorher immer heiß ausspülen.*

# Kürbis-Bowle »mit ganzen Früchten«



| | |
|---|---|
| Bauernkürbis | mit einem Bällchenausstecher kleine Bällchen aus dem Fruchtfleisch ausstechen. |
| Wein | mit |
| Stangenzimt, Nelkenpulver, Zucker | anreichern, Kürbisbällchen darin blanchieren (bissfest), ein wenig |
| Zitronensaft | zufügen (dadurch bleibt die Konsistenz vom Kürbis erhalten). Nun einen guten Schluck |
| Maraschino-Likör | dazugeben, mit |
| Wein | auffüllen und über Nacht kühl stellen. |

*Soll es prickeln, geben Sie ein Fläschchen Sekt dazu. Die Reste des ausgestochenen Kürbis verarbeiten Sie am besten zu Kürbissuppe (Rezept S. 39) oder Kürbis-Glühwein (Rezept S. 207). Der Bällchenausstecher wird auch Pariser Ausstecher genant.*

*Oppelhainer Kürbisse*

# Holunderblüten-Sirup

| | |
|---|---|
| 8 Holunderblütendolden | verlesen, die Blüten von den Stängeln abstreifen. |
| 1 l Wasser | |
| 1 kg Zucker | |
| Saft 1 Zitrone | und |
| 20 g Zitronensäure | mit den Holunderblüten vermengen, 5 bis 6 Tage an einem kühlen Ort stehen lassen, dabei gelegentlich umrühren. Danach durch ein Sieb gießen und auf 86 °C erhitzen, sofort in saubere vorgewärmte Flaschen füllen. Wie bei der Herstellung von Marmelade kurz umlegen und danach abkühlen lassen. |

*Im Sommer mit kaltem Mineralwasser verdünnen. Kann aber auch bei der Herstellung von Desserts und Torten verwendet werden.*

*Natur genießen in Ahlsdorf*

*In Grochwitz*

# Laubenpieper-Cocktail (für 1 Person)

| | |
|---|---|
| 1 Eigelb | |
| je 100 ml Tomaten- und Gemüsesaft | |
| 1 EL Zitronensaft | |
| Salz, Pfeffer (aus der Mühle) | Zutaten miteinander mixen, im Glas auf |
| Eiswürfel | servieren und mit |
| 1 Zitronenscheibe | garnieren. |

*Von Ilona Stäudner, Herzberg*

# »Tote Tante«

*Die »Tote Tante« durch die Sahne trinken, denn wenn ein schöner Sahnebart bleibt, war das eine gute Tante.*



| | |
|---|---|
| ½ Tasse heiße Schokolade | |
| 4 cl heißen Rum | zugeben, obenauf eine große Haube |
| geschlagene Sahne | und mit |
| Schokostreusel | garnieren. |

*Von Ralf Grützbach, Rastede*

*»Das Prinzip aller Dinge ist das Wasser; aus Wasser ist alles und ins Wasser kehrt alles zurück.« (Goethes Faust)*

*Sommerblüte*

# Kürbis-Glühwein »frei Schnauze«

| | |
|---|---|
| Bauernkürbis | schälen die Kerne und das weiche Kernfleisch entfernen, klein schneiden und mit wenig |
| Wasser | |
| Zimt (gemahlen) | |
| Nelkenpulver | ca. 20 Minuten kochen, durch ein Haarsieb streichen, mit |
| Weißwein | |
| Zucker | erhitzen, in Gläser füllen und servieren. |

*Mit einem Schuss Amaretto wird der Glühwein noch kräftiger.*

*Kürbisausstellung in Oppelhain*

*Der Große und der Kleine*

# Wein von den Hängen des Elstertals

*Verein zur Förderung des historischen Weinbaus in Schlieben e. V.,*
*Dr. Eberhard Brückner*

Für Nichteingeweihte klingt es wohl überraschend: Wein aus Brandenburg, ja aus dem Elbe-Elster-Kreis sogar. Und doch stimmt es. Viele der Einheimischen wissen es inzwischen, dass seit 1992 in Schlieben wieder Wein angebaut wird, und er lässt sich sogar trinken! Die Hänge des Elstertals trugen seit jeher Rebberge. Während in Jessen und Schweinitz der Weinbau nie ganz aufgehört hat, war in Schlieben um 1920 Schluss damit. Nicht die Reblaus war der Grund, wie in vielen Gebieten Deutschlands und Europas. Es waren rein wirtschaftliche Gründe, der Weinbau rechnete sich nicht mehr.

Nach der Wende fanden sich einige Interessenten, die eine ehemalige, in städtischem Besitz befindliche Rebfläche auf dem Langen Berg wieder herrichteten und unter Anleitung von Winzern aus Meißen und Jessen die ersten Müller-Thurgau-Reben pflanzten. 1993 wurde der »Verein zur Förderung des historischen Weinbaus in Schlieben e. V.« gegründet, dem heute etwa 80 Mitglieder angehören. Sie pflegen und bearbeiten den Weinberg als lebendes Denkmal in ehrenamtlicher Arbeit. Zusammen mit den 36 historischen Weinkellern in der Martinstraße ist dies ein einmaliges agrarhistorisches Denkmal, das an einen ehemals wichtigen Erwerbszweig in Schlieben erinnert. Diese Tradition wach zuhalten und die Weinkultur zu pflegen, hat sich der Verein auf die Fahne geschrieben.



Auf einem Hektar werden am »Schliebener Langen Berg« drei Rebsorten: Müller-Thurgau, Bacchus und Regent angebaut. Letzterer ist ein Rotwein, dessen erster voller Ertrag erst im Jahre 2007 eingebracht wurde. Ebenso wie Schweinitz und Jessen gehört der »Schliebener Lange Berg« weinrechtlich zum Bereich Elstertal im Weinbaugebiet Sachsen.

Der Verein ist Mitglied der Winzergenossenschaft Meißen, wo der Wein auch gekeltert und ausgebaut wird. Getrennt verarbeitet und später in Flaschen mit eigenem Etikett abgefüllt, kommt der fertige Wein zurück nach Schlieben. Hier

*Erhalte Dir für Kleinigkeiten*
*den richtigen Blick, denn Glück*
*ist kein Zufall, es ist Geschick*

kann man ihn kaufen oder zum Moienmarkt bzw. einem anderen Weinfest im historischen Keller des Vereins probieren und trinken. Außerhalb von Schlieben kann man diesen Wein in einigen gut geführten Brandenburger Gaststätten mit regionaler Speisekarte ebenfalls finden.

Der Schliebener Wein ist inzwischen so bekannt und beliebt, dass er manchmal, besonders in Jahren mit geringeren Erträgen, ausverkauft ist, wie z. B. der Jahrgang 2006. Der Lohn für die sorgfältige, fleißige und fachgerechte Arbeit der Schliebener Hobbywinzer, sind mehrfache Auszeichnungen der Schliebener Weine bei der Landesweinprämierung in Sachsen.

Es ist eine alte Weisheit, dass der Wein am besten dort schmeckt, wo er gewachsen ist. Ein Grund mehr also, einmal nach Schlieben zu kommen, um beim Schliebener Moienmarkt, zum Pfingstfrühschoppen im Weinberg oder auf dem Kellerstraßenfest am 3. Oktober einen Bacchus oder Müller zu genießen.

*So lebt es sich in Schlieben am Langen Berg*

*Klosterkirche*

# Hagebutten-Likör

| | |
|---|---|
| 500 g Hagebutten | nach dem ersten Frost sammeln, waschen, entstielen und im Mixer zerkleinern. Mit |
| 500 ml Weingeist (aus der Apotheke) | und |
| 500 ml Doppelkorn | übergießen, in ein großes Glas füllen. |
| 750 ml Wasser | mit |
| 1 kg Zucker | zu Sirup kochen und heiß über die Früchte gießen, Glas fest verschließen und 14 Tage an einen sonnigen Ort stellen. Nach 14 Tagen die Flüssigkeit mehrmals durch ein Leinentuch gießen, danach in dekorative Flaschen füllen. |

# Rote Gurken-Bowle



| | |
|---|---|
| 2 Salatgurken | waschen, ungeschält in Scheiben schneiden. |
| 100 g Zucker | darüber streuen. |
| 1 Stange Zimt | |
| 2 Nelken | dazugeben und mit |
| ½ Flasche Rotwein (halbtrocken) | begießen, zugedeckt 1 Stunde ziehen lassen. Gewürze entfernen, |
| 4 cl Maraschino-Likör | zufügen und 10 Minuten später nochmals |
| 1½ Flaschen Rotwein | hinzufügen. Nicht zu kalt servieren. |

*Kirche in Göllnitz*

# Warmer Hoppelpoppel

| | |
|---|---|
| 1 l süße Sahne | mit |
| Zucker (nach Geschmack) | zum Kochen bringen, vom Herd nehmen, abkühlen lassen. |
| 4 Eigelb | mit |
| 4 EL Milch | verrühren, langsam zugeben und |
| ¼ l Weinbrand | unterrühren, heiß genießen. |

# Schoko-Punsch

| | |
|---|---|
| 50 g Zartbitterschokolade | in |
| 200 ml süße Sahne | zerbröckeln, vorsichtig schmelzen. |
| 100 ml Batida de Coco | |
| 400 ml Kaffee (heiß) | |
| 1 Prise Kardamom | und |
| ¼ TL Zimt | zugeben, erhitzen, in Gläser füllen und mit |
| Sahne | garnieren. |



*Schokopunsch für Kinder: Batida de Coco durch Kokosmilch ersetzen.*

*Sonnenaufgang im Winter*

*Alter Stadtbrunnen*

# Walnuss-Likör

| | |
|---|---|
| 25 grüne Walnüsse | zerquetschen, mit |
| 1 l Weinbrand | und |
| 3 g Zimtpulver | |
| 4 Nelken | in ein festverschließbares Glasgefäß geben, 3 bis 4 Wochen an einem sonnigen Ort stehen lassen. Ab und zu schütteln, durch ein Mulltuch filtern. |
| 500 g Zucker | in |
| 1 l Wasser (kochend) | auflösen, den gefilterten Nussextrakt dazugeben und in Flaschen fest verschließen. |

*Von Kerstin Kohlhoff, Möglenz*

*Der beste Zeitpunkt zur Herstellung des Nusslikörs ist Mitte Juli. Den Nusslikör dunkel aufbewahren, mit fortschreitendem Alter wird er immer besser.*



# Geschlagener Glühwein

| | |
|---|---|
| 4 Eier | mit |
| 4 Eigelb | |
| 1 Glas Weißwein | in einen hohen Topf geben, mit dem Mixer aufschlagen. |
| 375 g Zucker | sowie den Abrieb und Saft von |
| 2 Zitronen | |
| 1 Stange Zimt | und |
| 2 Flaschen Weißwein | dazugeben, erhitzen und solange schlagen, bis der Wein schäumt. |

*Eine alte Truhe*

# Eier-Likör

| | |
|---|---|
| 9 Eigelb | durch ein feines Sieb streichen, mit |
| 200 g Puderzucker | schaumig rühren, langsam |
| 400 ml gezuckerte Kondensmilch | |
| 1 Pck. Vanillezucker | |
| 100 ml süße Sahne | und |
| 200 g Puderzucker | zugeben. Nun |
| 5 cl Rum (54 %) | |
| 200 ml Weinbrand (36 %) | und |
| 250 ml Korn (38 %) | unter ständigem Rühren langsam zugeben und 5 Minuten mit dem Mixer kräftig mixen, einen Tag stehen lassen. Danach in Flaschen abfüllen, kühl lagern, nach 4 Wochen schmeckt er am besten. |

*Zur Weihnachtszeit ein wenig Zimt und Nelkenpulver zugeben und der Weihnachtseierlikör ist fertig. Passt sehr gut zu Vanilleeis mit kandierten Walnüssen.*

*Winterlandschaft in Finsterwalde*

*Im 30jährigen Krieg wurde das Finsterwalder Schloss teilweise zerstört*

# Begriffserläuterungen

| | |
|---|---|
| Abbacken/ Ausbacken | Etwas in heißem Fett schwimmend backen (i.d.R. bei 180 °C). |
| Ablöschen | Das Angießen von scharf angebratenem oder geschmortem Fleisch oder Gemüse. |
| Abschäumen | Mit der Schaumkelle z. B. geronnenes Eiweiß vom Sud abschöpfen. |
| Abschmecken | Eine Speise mit den Grundgewürzen Salz, Pfeffer, Zucker usw. nach eigenem Geschmack würzen. |
| Andünsten/ Anschwitzen | Ein Lebensmittel in heißem Fett leicht rösten, ohne es zu braten. Das Lebensmittel soll nur glasig werden, z. B. Zwiebeln. |
| Angießen | Das vorsichtige Zugeben von Flüssigkeit. |
| Ausbraten | Den Speck so lange braten, bis das Fett herausgebraten ist. |
| Blanchieren | In einem Topf mit kochendem Wasser geben und kurz köcheln lassen. |
| Garen/Köcheln | Eine Speise sollte nicht stark kochen. Die Hitzezufuhr muss so gedrosselt werden, dass nur ein leichtes Aufsteigen von Kochblasen zu sehen ist. |
| Legieren | Ist das Binden und Verfeinern von Gerichten mit Eigelb. Das Ei oder Eigelb wird mit warmer Flüssigkeit vermischt und unter ständigem Rühren in die nicht mehr kochende Speise gegeben. |
| Marinieren | Ist das Einlegen von Lebensmitteln in eine gewürzte Flüssigkeit, um der Speise einen besonderen Geschmack und bessere Haltbarkeit zu verleihen (z. B. Grillmarinaden für Fleisch um es zarter werden zu lassen und es gut durchzuwürzen). |
| Mehlschwitze | Traditionelles Bindemittel von Suppen und Soßen (Fett zerlassen und Mehl einrühren). Durch die Hitze wandelt sich Stärke zu Dextrin, so hat man keinen Mehlgeschmack mehr. |
| Parieren | Von Sehnen befreien, zurechtschneiden bzw. Form geben. |
| Passieren | Flüssigkeiten durch ein Sieb oder Tuch geben. |
| Pürieren | Ein gares Lebensmittel wird stark zerkleinert. Früher war hierfür in vielen Haushalten die »Flotte Lotte« ein beliebtes Haushaltsgerät, z. B. um Apfelmus herzustellen. |
| Reduzieren | Flüssigkeit fast vollständig verkochen lassen (einkochen). |
| Stocken lassen | Das Garen von Eiern oder Eimasse, bei mäßiger Hitze im Topf oder Wasserbad, ohne dabei das Gargut umzurühren. |
| Wasserbad | Ist eine Methode, um Speisen indirekt mit Hitze zu versorgen. Dabei wird der Topf mit den Speisen in einen anderen Topf mit heißem Wasser auf den Herd gestellt. |
| Zerlassen | Butter oder Margarine in einer Pfanne oder einem Topf bei mäßiger Hitze schmelzen, aber nicht braun werden lassen. |

# Maße und Gewichte

| | |
|---|---|
| 1 gestr. EL Fett | 15 g |
| 1 gestr. EL Mehl | 10 g |
| 1 geh. EL Mehl | 15 g |
| 1 kleine Zwiebel | 30 g |
| 1 mittlere Zwiebel | 50 g |
| 1 große Zwiebel | 70 g |
| 1 kleine Kartoffel | 70 g |
| 1 mittlere Kartoffel | 120 g |
| 1 große Kartoffel | 180 g |
| ½ kg | 500 g |
| 1 kg | 1.000 g |

| | |
|---|---|
| 1 Liter | 1.000 ml / 1.000 ccm |
| ¾ Liter | 750 ml / 750 ccm |
| ½ Liter | 500 ml / 500 ccm |
| ⅜ Liter | 375 ml / 375 ccm |
| ¼ Liter | 250 ml / 250 ccm |
| ⅛ Liter | 125 ml / 125 ccm |
| 1 TL | 5 ml |
| 1 EL | 15 ml |
| 1 Schnapsglas | 20 ml / 2 cl |
| 1 Tasse | 150 ml |

# Abkürzungen

| | |
|---|---|
| Msp. | Messerspitze |
| EL | Esslöffel |
| geh. EL | gehäufter Esslöffel |
| gestr. EL | gestrichener Esslöffel |
| TL | Teelöffel |
| geh. TL | gehäufter Teelöffel |
| gestr. TL | gestrichener Teelöffel |
| g | Gramm |
| kg | Kilogramm |
| ml | Milliliter |
| cl | Zentiliter |
| l | Liter |
| ccm | Kubikzentimeter |
| Pck. | Päckchen |
| °C | Grad Celsius |

# Rezeptregister, alphabetisch

## R



## S



## T



## V



## W



## Z

# »Zum Eichhörnchen«

## *Gasthaus & Pension*

Durch Liebe am Beruf und Spaß an der Arbeit schaffen wir eine angenehme, familiäre Atmosphäre in unserem Haus, so dass Sie nur noch kommen und sich wohlfühlen brauchen. Das Team des Eichhörnchens erwartet Sie!

Ob ein gutes Essen oder ein erlesenes Getränk, bei uns können Sie beides haben. Die Gemütlichkeit gibt es gratis dazu. Nur genießen müssen Sie noch selbst...

*Nicht daheim, aber ganz wie zu Hause.*

Gasthaus und Pension
»Zum Eichhörnchen«
04932 Röderland
OT Reichenhain · Dorfstr. 15
Tel. (03 53 41) 1 29 24
zum-eichhoernchen@t-online.de
www.zum-eichhoernchen.de

**Öffnungszeiten: Di. bis So. ab 11 Uhr. Unsere Pension ist durchgehend geöffnet.**

# Rezeptregister, nach Kapiteln

## Salate



## Suppen und Eintöpfe



## Kartoffelgerichte und Beilagen



## Gemüsegerichte und Beilagen

## Fleischgerichte



## Fischgerichte



## Traditionelle Gerichte



## Schlachtfestrezepte



## Kleine Besonderheiten

## Süßspeisen und Desserts



## Backwerk



## Getränke und Aperitifs